现代教育技术在高中学科教学中的应用资源包

■ 总 主 编　李兆君
■ 副总主编　李美凤

Xiandai Jiaoyu Jishu yu
Gaozhong Dili Jiaoxue

现代教育技术与高中地理教学

（附光盘）

■ 主　编　庄天宝　王德伟
■ 副主编　姚朋军　崔国峰

高等教育出版社·北京
HIGHER EDUCATION PRESS　BEIJING

内容提要

本教材是“现代教育技术在高中学科教学中的应用”资源包中的高中地理分册。教材依据《中小学教师教育技术能力标准（试行）》，参照中小学教师教育技术能力考纲初级版和中级版的相关要求，系统讲解了现代教育技术在高中地理学科教学中的设计与应用、实施与评价，以及高中地理教师专业发展等问题。全书分为准备篇、备课篇、教学篇、评价篇和发展篇。准备篇主要介绍本课程的特点与学习要求，以及高中地理课程改革与现代教育技术的基本知识；备课篇主要介绍教学设计（包括课堂教学设计和研究性学习设计）的一般过程与方法、多媒体课件制作方法；教学篇主要介绍常用的两种教学环境——多媒体教室和网络教室，以及这两种环境下开展高中地理教学的方法与策略，并提供了相关案例；评价篇主要介绍计算机辅助测试、电子档案袋、量规等现代评价工具的设计与使用；发展篇主要介绍面向信息化的教师专业发展途径与方法，其中重点介绍行动研究法和博客的使用。配套光盘中，提供与书中案例相对应的完整视频课例、配套软件教程等内容，适合教师进行自主学习。

本教材可作为中小学教师继续教育培训教材或师范生教育技术能力培训教材，也可作为教育信息化研究人员、教师教育工作者和教育技术工作者的参考用书。

图书在版编目（CIP）数据

现代教育技术与高中地理教学／庄天宝，王德伟主编. -- 北京：高等教育出版社，2012.2

（现代教育技术在高中学科教学中的应用资源包／李兆君主编）

ISBN 978-7-04-033010-6

Ⅰ. ①现… Ⅱ. ①庄… ②王… Ⅲ. ①信息技术-应用-中学地理课-教学研究-高中 Ⅳ. ①G633.552

中国版本图书馆 CIP 数据核字(2011)第 184946 号

策划编辑 魏振水　　责任编辑 靳剑辉　　封面设计 赵 阳　　版式设计 范晓红
插图绘制 尹 莉　　责任校对 金 辉　　责任印制 尤 静

出版发行	高等教育出版社	咨询电话	400-810-0598
社　　址	北京市西城区德外大街 4 号	网　　址	http://www.hep.edu.cn
邮政编码	100120		http://www.hep.com.cn
印　　刷	大厂益利印刷有限公司	网上订购	http://www.landraco.com
开　　本	787mm×1092mm　1/16		http://www.landraco.com.cn
印　　张	11.5	版　　次	2012 年 2 月第 1 版
字　　数	270 千字	印　　次	2012 年 2 月第 1 次印刷
购书热线	010-58581118	定　　价	38.00 元（含光盘）

物 料 号　33010-00

编写委员会

总序

当今世界,教育正经历着一场重大变革,这场变革的重要特征之一就是教育信息化。对于中国这样一个人口众多、资源紧缺且分布不均衡的发展中国家,充分利用现代教育技术的优势,“以教育信息化带动教育现代化,实现教育的跨越式发展”,更具有战略性意义。以多媒体和网络技术为核心的现代信息技术蕴含着巨大的教育价值,但是,要把这种潜在价值转变为现实价值,必须依靠教师这个中介,需要教师在各学科教学中扎扎实实地应用现代教育技术,不断提高教学质量。可以说,教育技术能力是当今教师专业能力结构的基本构成,是每一位合格教师不可或缺的专业素质。

为了提高我国中小学教师教育技术能力水平,2004 年 12 月 15 日,教育部正式颁布了《中小学教师教育技术能力标准(试行)》。这是新中国第一个教师专业能力标准,它的颁布与实施是我国教师职业发展历程中的一个重要“里程碑”。为贯彻落实这一标准,2005 年 4 月,教育部又专门启动了“全国中小学教师教育技术能力建设计划项目”,并在全国范围内对上千万名中小学教师进行教育技术能力的强制性全员培训。这是一项浩大的系统工程,其覆盖面之广、持续时间之久、实施难度之大,可以说都是我国教师教育史上前所未有的。但是,对于中国一千多万中小学待训教师来说,这样一项浩大的培训工程短时间内难以惠及每一位教师。而且,现代教育技术的应用会随着复杂的教学实践情境的变化而呈现出千变万化的形态,加之技术更新速度非常快,因此,短时间的集中培训不可能作为教师提高自身教育技术能力的唯一途径,甚至不是主要途径。广大教师要充分利用现有的各种资源,尤其是利用一些精心设计的自学教材,在学科教学实践中,边学习边实践,边实践边探索,边探索边改进,积极主动地提高自身教育技术能力。

本资源包由辽宁省电化教育馆馆长、沈阳师范大学教育技术学院院长李兆君教授组织多方人员精心打造而成,包括《现代教育技术在学前教育中的应用资源包》、《现代教育技术在小学学科教学中的应用资源包》、《现代教育技术在初中学科教学中的应用资源包》和《现代教育技术在高中学科教学中的应用资源包》四个系列,每个资源包又分别包括了该学段的各个学科分册。该套资源包的组织策划者本着“贴近实践、服务实践”的原则,针对每一个学科分别组建了由教育技术学者、学科课程与教学法专家、优秀教研员以及学科骨干教师组成的高素质编写团队,从而为教材的实用性、权威性、新颖性提供强有力的支持和保障。该套教材体现了以下特色:

第一，立足课程标准，直击新课程中的实际问题。从各学科的课程改革现状入手，结合学科课程标准的解读，打破传统培训教材的技术主线，突出学科性，将“技术”融于解决学科教学问题之中。这种安排更符合一线教师的思维方式，最大限度地满足教师的日常工作需求。

第二，理论实践紧密结合，体例新颖，可读性强。除了在理论讲解部分结合大量的小案例，还专门在实践篇提供了大量完整的教学案例，并从教学设计方案、现场教学视频和专家点评等方面进行全景透视。在内容编排上，资源包各分册设计了有针对性的栏目来组织内容，如自主阅读、拓展阅读、反思总结等，这种设计既能降低教师自学的难度，又能增强趣味性和可读性。

第三，采用立体化形式，拓展学习资源。资源包可与对应的多媒体光盘一起使用。光盘中除了提供相关的阅读材料、常用工具软件及教程、课件等学习资源之外，更难能可贵的是，提供了近 200 节优秀的课堂教学录像，大部分是由资源包编写团队精心设计的，由专业教育电视教材摄录编人员制作的。可谓用心良苦，倾力打造！

编写这样一套资源包的任务是非常艰巨的，不可避免地会存在各种疏漏或不足，恳请广大教师予以批评指正。希望广大一线教师能从本套资源包中获得启发，开阔视野，在教学实践中勇于尝试，勤于探索，不断创新。

2011 年夏

前言

随着教育信息化的深入，信息技术环境逐渐成为课堂教学中的重要教学环境。在这样的教学环境中，教师的教学方法和学生的学习方式都发生了一定的变革。传统的教育教学模式、方法受新技术的影响不断发展，新的教学模式和方法不断涌现，一些新技术、新方法为教学提供更大的发展空间。因此，归纳总结信息技术环境下课堂教学的新理念、新模式、新方法具有重要意义。这不仅具有理论意义，更重要的是有实践意义。因为，把总结出来的新理念、新模式、新方法传递给教师，能够有效提升一线教师的教育、教学水平，提高基础教育的教学质量，为教育教学改革注入新的动力。

本书是研究者共同努力，集体智慧的结晶。作者力图总结出一些信息技术环境下高中地理课堂教学的基本规律。为了完成这种尝试，通过深入高中地理教学一线听课、与教师交流、开展教学研讨、直接参与信息技术环境下高中地理课堂教学等方式，以期发现信息技术环境下高中地理课堂教学的基本规律。同时，还通过广泛听取同行意见，查阅文献、访谈等活动了解信息技术环境下课堂教学的现状及新的进展。这些都为本书的成稿提供了有益的参考。

本书在高中地理教学实践基础上，充分吸收了现代教育技术和地理教学以及两者在实践中的应用等相关文献的优秀成果，着重体现了以下几个基本特色。

(1) 注重基础。作为教师教育教材，本书在介绍现代教育技术的基本理论和基本技能时，既不求难，也避免了过于偏向某一分支的问题。

(2) 注重前沿。在新知识介绍方面着重就目前所开展地理教学与教育技术应用领域的实践探索方面，并注重具体方法的介绍，如对现代教育技术在现行地理教学模式中的应用等。

(3) 注重可操作。注重地理教学实践开展的实践探索，提供了相应的案例，加强了本书的实际应用和操作。

本书是集体创作的成果，凝聚了多人的智慧和汗水。全书由庄天宝策划、设计和统稿，并撰写第一、二、三章；沈阳师范大学的王德伟撰写第四、五、六章；沈阳师范大学的姚朋军撰写第七、八章；昌图三高中的崔国峰负责全部案例的遴选工作，并审读了全部书稿；沈阳师范大学教育技术学院硕士研究生苏莹、刘芳、张秀杰、王玉秀、王艳君参与了案例整理及资料搜集等大量工作。辽宁省实验中学隋欣、沈阳市十一中学黄永红、侯志阳、鞍山市第一中学于文喜、大连市二十四中学刘驰罡提供了大量优质的案例资源。辽宁省实验中学王丹、沈阳市十一中学周绍华、鞍山市教育信息中心刘明娟、鞍山市第一中学冯君对本书的编写提供了指导和支持。

高等教育出版社的魏振水、苏伶俐编辑对本书的出版给予了积极的鼓励与支持，在此表示衷心的感谢。此外，许多关于信息技术环境下课堂教学研究同行的成就为本书的完成提供了大量有意义的指导，在此一并表示感谢。

本书参考引用了国内外许多资料，已在参考文献中列出，如有个别遗漏，恳请作者原谅并及时和我们联系。由于能力有限，时间仓促，虽经多次修改，仍难免不妥与疏漏，恳请各位专家和广大读者批评指正。

编者

2011.7

目录

准 备 篇

备 课 篇

教 学 篇

评　价　篇

发　展　篇

准备篇

高中地理课程改革与现代教育技术

第1章 高中地理课程改革与现代教育技术

本章概要

本章的学习主要从两个方面为后续学习打下基础,做好准备:一是了解该课程的学习内容、学习资源和学习成果,为后续学习做好知识储备;二是理解当前高中地理新课程改革的要求,掌握现代教育技术、信息技术与课程整合等重要概念,明确现代教育技术与高中地理课程改革的关系,为后续学习做好观念准备。

知识结构图

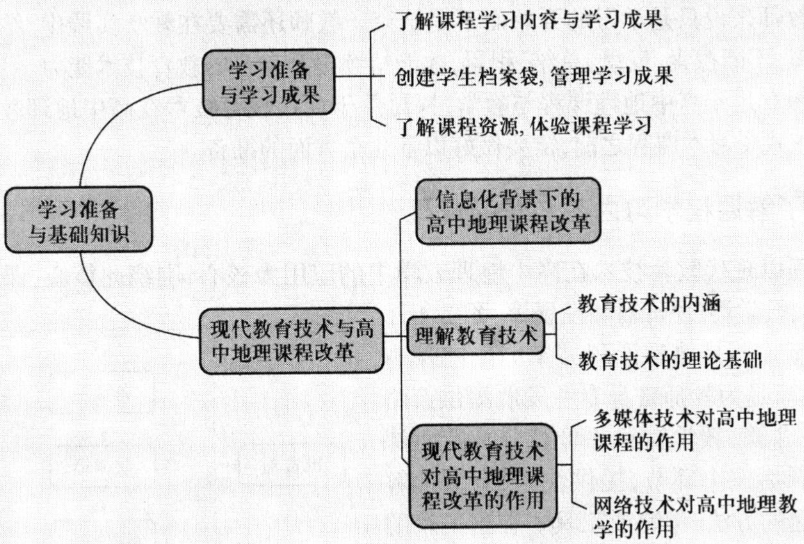

第一节　学习准备与学习成果

学习目标

- ☆ 能说出本课程的学习目标与主要内容
- ☆ 列举本课程的学习资源及使用方式
- ☆ 列举本课程学习中将产生的主要学习成果
- ☆ 学会建立个人学习档案袋，合理地管理学习过程与学习成果

刘老师是一位高中地理教师。近几年，他多次参加地区和学校组织的各种形式的教育技术培训，但总感觉有点“隔靴搔痒”：一是培训内容通常是针对课程改革的一般要求和教育技术的一般规律、一般方法，这些“一般”对于高中地理的具体问题、具体要求针对性不强；二是虽然在培训中学习了一些新技术，比如演示文稿的制作，却不知道如何根据具体的教学情境恰当地应用于教学过程中。在一次观摩同校张老师的公开课时，刘老师发现，张老师所用的课件在技术上跟自己的差不多，教学效果却很好。刘老师暗自琢磨：看来“恰当地应用现代教育技术，优化教学效果”并不是一个简单的技术操作问题。但是，刘老师一时还不知道要从哪些方面入手。

大多数学科教师都遇到了和刘老师同样的问题。学校教学环境的信息化水平不断提升，对教师的教育技术能力提出了更高要求。培训是提高教师教育技术能力的有效途径，但是，培训对于教师来说只是学习的开始而不是结束。教师还需要在教学实践中，结合具体学科和具体情境，不断探索、反思、总结、积累，才能持续提升自身的教育技术能力。

本课程立足于高中地理课程与教学，探讨关于现代教育技术在高中地理教学中的应用问题。在正式学习本课程之前，需要做好以下几个方面的准备。

一、了解课程学习内容与学习成果

本课程以现代教育技术在高中地理教学中的应用为核心，围绕此核心，课程分为准备篇、备课篇、教学篇、评价篇和发展篇，图1–1。

准备篇主要是熟悉课程并掌握一些基本概念；发展篇是为教师自身专业发展提供策略和支持；备课篇、教学篇和评价篇分别针对课前、课上、课后三个环节，提供快速、有效地解决教学问题的方法、策略或工具。在这三篇的学习过程中，建议您采用任务驱动的方式，即从当前正在教授的课程内容中选择一个单元或一节，随着课程学习的进展，完成相应的学习成果。

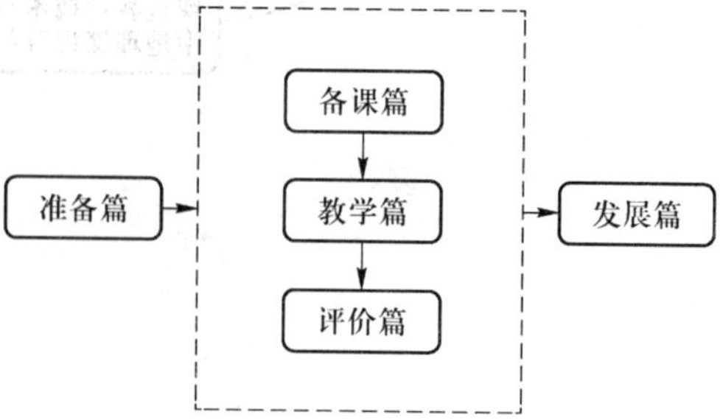

图1–1　课程内容结构

表1–1是本课程涉及的主要学习活动及学习成果，供学习者参照自查。

表 1-1　学习活动与学习成果

篇	学习内容	学习成果	自查
准备	第一章　学习准备与基础知识	创建学习档案袋 学件基本信息表	□完成 □完成
备课	第二章　教学方案制定	修改制定完善的教案	□完成
	第三章　多媒体素材准备	围绕教案收集、加工必要的素材	□完成
	第四章　多媒体课件制作	制作教案所需的多媒体课件	□完成
教学	第五章　多媒体环境下高中地理教学	多媒体环境下的教学案例分析表	□完成
	第六章　网络环境下高中地理教学	网络环境下研究性学习案例分析表	□完成
评价	第七章　信息技术支持下的教学评价	所教课程的电子档案袋内容结构图 一个地理实验的量规(研究性学习)	□完成 □完成
发展	第八章　面向信息化的教师专业发展	一份行动研究计划和行动研究报告	□完成

二、创建学习档案袋，管理学习成果

课程学习的过程同时也是一个创作的过程，这个过程中会逐渐积累起丰富的资源，如有用的工具软件、学习资料、学习记录表、教学设计方案、多媒体素材、多媒体课件等。因此，需要创建一个学习档案袋，合理地管理这些资源，提高学习效率。图 1-2 是一个以文件夹方式建立起来的学习档案袋。

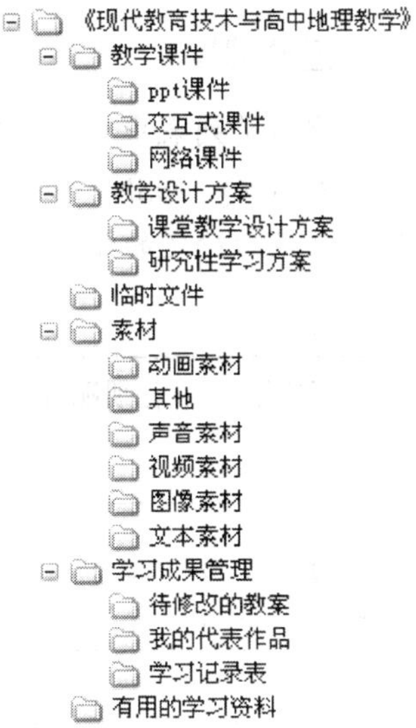

图 1-2　学习档案袋

> **提示卡**
>
> 关于学习档案袋的创建与使用，参见第七章第二节的内容。

三、了解课程资源，体验课程学习

本课程提供了立体化教学资源，包括教材、光盘和网络学习平台，可在学习过程中配合使用。为取得良好的教学效果，建议充分发挥立体化教学资源的优势，将本课程提供的资源综合利用，并在学习过程中相互交流。

此外，需要准备一台计算机，软硬件配置可参考表 1-2：

表 1-2　计算机配置参考

	项目名称	理想配置	最低配置	一般配置
硬件	内存	512 MB DDR 或更高	128 M	256 M
	硬盘	40 G 或更高	无盘工作站(能保存作品)	20 G 或更高
	网卡	100 MB 自适应	10/100 MB 自适应	100 MB 自适应
	CPU	P3.1G MHz 或更高	奔腾 550	奔腾 550 以上
	其他	光驱、提供 USB2.0(或 1.1)接口、连接 Internet		

续表

软件	办公软件	Microsoft Office 组件：Word、Excel、FrontPage 等；或 WPS Office 组件
	图像处理	如：Photoshop
	音频处理	如：Audition
	视频处理	如会声会影
	课件集成	PowerPoint；Flash；Dreamweaver 等
	媒体播放	如：Windows Media Player、超级解霸等
	网络下载	如：迅雷等

将教材所配光盘（DVD-ROM）放入光驱，检查光驱是否正常工作，如果正常，应自动进入光盘首页。登录网络教学平台，了解该平台的主要功能与使用方法。注册成为该学习平台的学员，可获得更加全面的学习支持服务。为了更好地学习该课程，建议与其他学员结成学伴，开展交流与合作。

活动建议

在学员列表中查找其他学员的基本信息，选择其中的 4~6 名学员作为学伴，尝试通过某种方式（QQ、MSN、E-mail 等）取得联系，就学校信息化建设与应用的一般情况进行简单交流。将最后确定的学伴及基本情况填写在表 1–3 中。

表 1–3 学伴基本信息表

学习伙伴	注册账号	E-mail	QQ/MSN	博客（Blog）	工作单位及基本情况
我					

下面的延伸拓展是关于互联网中常用的交流工具的功效比较分析。

延伸拓展

常用网络交流工具功效分析[①]

常用的网络交流工具主要有以下四种：论坛、即时通信工具、博客和电子邮件，其特点与应用汇总如表 1–4 所示：

① 郑大伟，柯庆超．信息技术支持的项目学习［M］．北京：人民教育出版社，2010：1。

表 1-4 网络交流工具的比较

工具	特点
论坛	既定主题下的发帖提问、讨论；面向组织松散的公众，无关信息较多；多主题、多角度，覆盖面广，注册回复、以异步交流为主
即时通信工具	随时查看好友动态；能够实时传送信息；实时交谈，支持表情和图片；实时发送文件和网址
博客	简单易用、自定主题，按日历发帖；面向个人和小团体；方便知识的过滤和积累；直接回复、鼓励人际交互
电子邮件	交流方式较为正式，隐私性强，异步交流为主

提示卡

本书既可以作为面向高中地理教师的教育技术能力培训教材，亦可作为教师自学辅导教材。如果您是参加教师培训的学员，上述活动可在培训教师的指导下在网络学习平台上注册成为学员，并由培训教师合理地安排4~6位学员组成一个学习小组。每个小组选一位组长，为小组取个名字和响亮的口号（在平台上完成），小组成员将共同完成本课程的学习。

第二节 现代教育技术与高中地理课程改革

学习目标

- ☆ 列举信息化背景下高中地理课程改革的基本动向
- ☆ 阐述教育技术的含义
- ☆ 举例说明现代教育技术对高中地理课程改革的作用

张老师是一名有着20年教学经验的地理教师。回顾最近10年的变化，张老师常常感慨社会发展对地理教学的巨大影响。十年前的教学，一本教学大纲，一本教材，一块黑板，一支粉笔，加上教师一张嘴。而十年后的今天，《普通高中地理课程标准（实验）》的实施，对地理课程与教学提出新的要求，同时，多媒体和互联网也已经走进了课堂。面对这些变化，张老师常常感到落伍了，在尝试使用现代教育技术的时候，有时真觉得技术削弱了“地理味儿”，然而，不用技术又被看做“保守”，跟不上改革形式。在处理技术与课程的关系时，张老师感到十分困惑。

张老师的困惑相信很多老师也都曾有过。无论是现代教育技术在学科教学中的应用，还是信息技术与课程的整合，学科、课程都是主体，技术是解决学科教学问题的手段。要合理地处理地理课程与教育技术(或信息技术)的关系,要清晰地认识地理课程与教学改革的趋势和要求,并树立科学的教育技术观,才能充分、合理地发挥技术的作用。

一、信息化背景下的高中地理课程改革

现代信息技术深刻地影响着高中地理教学。地理教学内容与人类的文化建设息息相关,而信息技术直接影响着人类文化建设的各个方面。因此,现代信息技术对地理教学的影响不仅是为地理教学提供了一种先进的、多功能的、方便灵活的辅助性手段,更根本的是它对地理教学的意义、价值以及地理教学的目的、内容和模式产生了深远的影响。

(一) 课程目标——发展地理思维能力

高中地理课程的任务是要进一步发展学生的地理思维能力。地理思维能力,既依赖于一定地理知识,又需要空间想象能力。思维能力的发展又赋予地理知识以认识上的深刻性和创造性,从而使知识的理解更为透彻,应用更为灵活,联系更为广泛,这是《普通高中地理课程标准(实验)》中的一个核心概念。

自主阅读

地理思维能力及其形成与发展

地理教学中发展学生的智力,主要是指要训练和发展学生的地理思维能力。

关于地理思维能力的形成与发展,地理新课程标准主要强调三个方面:

一是地理思维就是地理现象之间和人地之间的规律的联系和关系在人脑中的概括反映,它具有综合性、区域性、广阔性的特点。这就要求地理教师在课堂教学中,在进行地理思维时要符合这些特点。

二是教师在引导学生进行地理思维时,要善于辨别地理区域差异,掌握地理区域特征,以便因地制宜地利用、改造自然,突出区域性的特点,防止学生由于地理区域性特征模糊,出现张冠李戴现象。

三是对于空间广阔的地理现象,在引导学生思维时,要将对象同它所处的空间位置和分布联系起来,借助地图,将地理现象联系地图进行思维,以便形成准确的空间概念。

地理思维能力包含丰富的内涵,其内容也随着时代的变化而变化。比如:从地理学科的特性来看,许多内容适合以多种形式来表现并传递给学生。地理学科内容极为复杂多样,“空间”常是其着眼点。信息技术可以有效地整合文字、图形、声音、动画,远距离互动传输等,而这些特性正可以引入到认识空间、认识地理及改善地理教学上。通过信息技术可结合多种形式的图文及影像来表现地理情境与教学内容,以其直观性、生动性、扩展性、灵活性达到丰富教材内容、激发学生兴趣,变“空想”为“身临其境”,有利于培养学生的地理创新思维能力,达到提升学习成效的目的。无论是区域地理、自然地理还是人文地理等各种内容的素材,如今均能通过信息技术以更好、更有效的方式展现给广大学生①。因此,将信息技术尤其是多媒体技术引入地理教学,不仅是提高地理教学效率的需要,从根本上说,使用信息技术的能

① 张雪峰.信息技术对培养学生地理创新思维能力的研究[J].新课程.教研版,2009(08)。

力即是地理思维能力的组成部分。

（二）学习方式——树立自主、探究与合作意识，改变学习方式

《高中地理课程标准》在“教学建议”部分中指出：

地理教学应为学生创设良好的自主学习情境，帮助他们树立主体意识，根据各自的特点和需要，自觉调整学习心态和策略，探寻适合自己的学习方法和途径。为改变过于强调接受学习、机械训练的状况，特别要重视探究性的学习方式，教师应努力提高组织教学和学生学习的质量。

合作学习有利于在互动中提高学习效率，有利于培养合作意识和团队精神。应鼓励学生在个人钻研的基础上，积极参与讨论及其他学习活动，善于倾听、吸纳他人的意见，学会宽容和沟通，学会协作和分享。

长期以来，学生处于被动地位，只是被动地接受式学习。老师把权威的、标准的知识灌输给学生，施以“填鸭式”与“题海战术”等。即使是一堂非常生动的地理实验课，学生也没有自主阅读、感悟、思考的时间与空间，课堂被老师讲解所占领，课后则被如洋似海的练习所淹没。这种做法与地理思维能力的提升是相违背的。借助于以多媒体和网络为核心的现代信息技术，搭建信息化学习环境，可以为学生提供开展自主学习所需的丰富多样的学习资源。支持探究式学习的各种认知工具，以及支持学习者之间开展合作交流的工具或平台，可以真正推动学习方式的变革。

（三）课程资源——丰富多样的学习内容

课程资源的利用和开发是新课程提出的一个新课题。在以课堂为中心、教材为中心的教学模式中，课程资源是单薄的，教师的课程资源意识也不强。地理新课程建设多样化、选择性的课程体系，设计了大量的选修课程、校本课程。同时，新课程引导学生走向社会、走进生活，新课程倡导学生的学习与社会实践相联系，关心当地文化生活，在生活中学习地理，学习活的地理。因此，地理教师必须增强课程资源意识，改变把教科书作为唯一课程资源的观念。

地理课程资源是丰富多样的。天南海北、城市农村、每所学校所处的社区，自然的、社会的、人文的诸多方面，有形的无形的、书面的、口头的等各种形态，地理课程资源无时不在，无处不有。正如《高中地理课程标准》所指出的：

地理课程资源包括课堂教学资源和课外学习资源，例如：教科书、教学挂图、工具书、模型、标本、实验器材、其他图书、报刊，电影、电视、广播、网络，报告会、演讲会、研讨会、图书馆、博物馆、纪念馆、展览馆、科技馆、气象台、天文馆、陈列馆、主题公园、科研单位、大专院校、政府部门等等。

（四）课程评价——提倡评价主体多元化

高中地理考试评价问题一直备受关注。特别是高考方式和应试教育，教师们普遍认为对高中地理教学产生了深刻的影响。一方面是仅凭一次单纯的纸笔考试难以检测出学生地理思维能力的真实水平。客观的试题和标准答案表面上科学、公正，却不利于激发学生的创造力，与地理课程的理念不符。卷面上的选择题只能靠似是而非地纠缠于地理知识的细枝末节而难于考查学生的能力。这样的考试评价方式已直接影响了高中地理教学，甚至整个中小学的地理教学，影响了学生乃至国民的地理思维能力。

《高中地理课程标准》提出：评价的根本目的是为了促进学生地理素养的全面提高，要充分发挥评价的诊断、激励和发展的功能，面向全体学生，提倡评价主体多元化等。地理思维能力的提高并不能尽显于一张试卷上，要重视过程性评价，强调学生在学习过程中的表现。现代信息技术为收集、记录学生在学习过程中产生的各种数据提供了条件，本书将在第七章中介绍教学评价的相关内容。

活动建议

身处一线的学科教师，对于课程改革有着丰富而深刻的体会，认真思考下列问题，并与您的学习伙伴就“我与高中地理课程改革”进行交流，将交流中获得的认识填写在表1–5中。

您认为高中地理新课程主要有哪些理念？

您认为高中地理新课程改革主要包括哪些内容？

您在实施新课程的过程中，遇到的问题主要有哪些？难点是什么？

您在新课程实践中进行了哪些尝试？有何感受？

表1–5 “我与高中地理课程改革”经验交流记录表

新课程的理念	新课改的主要内容	新课程实施的问题与难点	您的尝试与感受

二、理解现代教育技术

(一) 现代教育技术的内涵

我们所说的“现代教育技术”其实只是“教育技术”在发展过程中对当今时代的一种表述。教育技术随着时代发展不断更新变化，也就相对区分出了所谓的传统教育技术和现代教育技术。

自主阅读

现代教育技术的基本含义

“现代教育技术”在教育话题中是个高频词汇，人们在讨论与之相关的话题时，经常使用的词语有很多，如：信息技术、教育技术、电化教育、现代教育技术等等。它们之间既有共同之处，也有差异。

一、信息技术

信息技术是指能够完成信息的获取、传递、加工、再生和使用等功能的一类技术。信息技术的基本功能就是扩展人的信息器官的功能。

教育活动离不开信息传递与交流，因此，信息技术用于教育也就是自然的事，语言、文字、纸、笔、课本、算盘、幻灯、投影、电视、电影、计算机、网络等等，它们在信息的记录、传递、处理、呈现、交流等某方面或某几个方面具有明显的优势而为教育所用。以多媒体计算机和网络为核心的现代信息技术已经成为当前教育变革的助推器。

二、教育技术

对于教育技术，一般存在两种理解：一种是较为宽泛的理解方式，认为自从有了教育就有了教育技术,没有一定的教育技术,教育活动就无法开展。这种意义上的教育技术并不特别强调各种硬件技术的应用,而是被看做解决教育问题的方法和过程。另一种是较为狭义的理解方式,主要指自20世纪初期以来,随着幻灯、投影、无线电广播、电影、电视及计算机和网络等媒体技术在教育领域中的应用,逐渐发展起来的一个专门领域。作为专业术语的“教育技术”就是取后者之义。1994年国际教育传播与技术协会(AECT)对教育技术做如下定义:为了促进学习,对相关的学习资源和学习过程的设计、开发、利用、管理和评价的理论和实践。

三、电化教育

“电化教育”这个名词是20世纪30年代在我国出现的。“电化教育”是我国的特有名词。“电化教育”的定义是:运用现代教育媒体,与传统教育媒体恰当结合,传递教育信息,以实现教育最优化。后来,“电化教育”改名为“教育技术”。简单说,“电化教育”是我国教育技术事业发展的早期阶段所采用的名称。

四、现代教育技术

现代教育技术是在现代教育思想、理论的指导下,运用现代信息技术和系统方法促进教育效果优化的实践活动。现代教育技术包括三个主要方面的技术:媒体技术、媒传技术和教学设计。

无论是教育技术还是现代教育技术,都不只是技术与教育的简单叠加,而是技术与教育的相互融合,即:

(现代)教育技术≠教育+技术

(现代)教育技术=教育×技术

反思总结

对于大部分教师和学生来说,现代教育技术已经不再新奇。但是,说起到底什么是“教育技术”或“现代教育技术”,可能很多教师包括教育管理者都难以说清,甚至还会存在误解。下面是一位教师(T)和一位教育技术专家(E)的对话,也请谈谈您对教育技术的理解。

T:你作为教育技术专家是干什么的呀?是设计和开发计算机课件,做计算机辅助教学和管理之类的事吧?

E:设计和开发课件、计算机辅助教学和管理确实是我工作内容中一个比较重要的部分,但是,它们并不是我工作的全部内容,甚至不是核心内容,教育技术人员的主要角色并不是技术开发或管理人员。

T:你专门劝导我们教师多使用视听媒体,提出关于如何更好地使用视听媒体的建议,对吗?

E:那当然!我每天确实要建议别人用这种或那种视听媒体,但我也不把自己看做是硬件人员。

T:你的工作不就是和机器、设备打交道吗?以前人们常说“电教工作”就是“三子”——拍片子、放带子、修机子,你们不正是通过这些电气化设备服务于教育现代化吗?

E:的确,早期许多教育技术人员就是从事这些工作的,他们为教育改革、教育现代化做出了很大贡献。但是,技术并不等于机器、设备,它们只是技术的产品,而不是技术本身。同样,教育技术所包括的内容要多于一套工具或设备。教育技术工作者往往离不开特定的工具或设备,但是,他们的职责不是围着机器转的媒体服务员,而应该是深入学科、深入教学、深入课堂的教育革新者。

T:我怎么越来越糊涂了?为什么我的"机器观念"行不通?怎样才算是应用了教育技术呢?

E:这并不稀奇,技术本身就是一个既寻常又难以界定的事物,但它绝不只是工具、设备这么简单。至于怎样才算应用了技术?这么说吧!你可能拥有一套工具,也许还有一套技巧、技法,但是却没有什么技术。我以为,这将依赖于工具如何被使用,以及工具在使用者心目中处于什么地位,是出于对教育规律的把握而理智地选择和使用工具?还是单纯地机械式地操作?

T:你的这种认识的确发人深省,看来我们对教育技术的看法还很肤浅、片面,我以后要在自己的教学中慢慢体会教育技术,还需要你们教育技术专家多多帮助啊!

E:没问题!我们的工作也离不开与教师合作,毕竟教育技术要真正发挥作用还要靠一线教师!

写下您对教育技术的感受:____________________

____

____

(二) 教育技术的理论基础

教育技术的宗旨是为了促进学习,提高学习效果。学习理论、教学理论、传播理论以及系统方法是教育技术重要的理论基础。其中,学习理论对教育技术的发展与应用起到了至关重要的作用,主要包括行为主义、认知主义和建构主义三种流派。

自主阅读

行为主义、认知主义、建构主义学习理论

行为主义学习理论认为学习就是可观察的行为变化的结果,提供有效的刺激和适时的强化,是影响学习的两个关键因素。程序教学就是以行为主义学习理论为主要理论依据,所提出的小步子学习、积极反应、及时反馈以及用适当的刺激(表扬或鼓励)来强化学习结果等主张,在今天的计算机辅助教学中尤其是操作练习模式的软件设计中,仍有积极意义。

认知主义学习理论不仅认识到了大脑的作用,而且研究了大脑的功能及其过程,提出人的大脑的活动过程可以转化为具体的信息加工过程。学生的学习过程实际上就是一个信息加工过程,而教学就是通过外部事件促进学生的信息加工过程。认知主义学习理论产生了很多研究成果,所提出的认知结构、认知策略、元认知、信息加工模型、学习的条件等,对课程设计与开发、教学设计、教学资源开发、教学模式与策略的选择等产生了深远的影响。

建构主义学习理论认为，知识不是通过教师传授得到的，而是学习者在一定的情境即社会文化背景下，借助于其他人（包括教师和学习伙伴）的帮助，利用必要的学习资料，通过意义建构的方式而获得的。“情境”、“协作”、“会话”和“意义建构”是学习环境中的四大要素。现代教育技术为建构主义的很多主张转变为现实提供了条件，例如：利用多媒体创设情境；通过网络通讯工具或交流平台为学生的合作、交流提供便利；提供丰富的学习资源和各种便捷的学习工具，支持了学生对内容的自主建构等等。

三、现代教育技术对高中地理课程改革的作用

赵老师一直尝试培养学生形成正确的地理事物空间分布特征的概念，加强学生的地理思维能力。地理教学中，读图能力的培养是学生惯于始终的基本技能。不仅能帮助学生理解、记忆地理知识，而且帮助学生形成思维，提高解决问题的能力；同时教会学生通过阅读地图进行分析、综合、概括、判断、推理，也是对学生能力的培养。多媒体教学可以帮助学生形成正确的、全面的读图、用图乃至制图的基本要领。例如：在介绍京杭运河时，用重新着色、闪亮来突出京杭运河北起通州，南至杭州，经过北京、天津两市及河北、山东、江苏、浙江四省，沟通了海河、黄河、淮河、长江、钱塘江五大水系（配以闪烁五大水系）这样就可以克服传统地图内容繁多，重点不突出的弊病。在介绍长江流域的主要支流时，用闪烁突出岷江、嘉陵江、乌江、湘江和洞庭湖、汉江、赣江和鄱阳湖的位置。介绍长江上、中、下游的划分也可以闪烁出宜昌和湖口所在位置。这样学生可以形成正确的地理事物空间分布特征概念。事实证明，这种形式极大地增强了学生的学习兴趣，教学效果也很明显。这更坚定了赵老师探索利用现代教育技术支持高中地理课程改革的信心！

伴随着现代信息技术的普遍应用，地理教学内容的呈现方式和学生的学习方式正在如火如荼地变革着。教师不是像以前那样，单凭一张嘴、一支粉笔、一块黑板进行教学，而是综合应用多种媒体技术，尤其是以多媒体技术和网络为核心的现代信息技术，来优化教学过程和效果。学生的学习方式由过去的被动接受转变为自主合作探究式学习，使个性化学习真正落实到实处。现代教育技术为高中地理课程改革提供了有力支持。

在我国颁布的《基础教育课程改革纲要（试行）》中有如下阐述：

“应逐步实现教学内容的呈现方式、学生的学习方式、教师的教学方式和师生互动方式的变革，充分发挥信息技术的优势，为学生的学习和发展提供丰富多彩的教育环境和有力的学习工具”，这说明在基础教育课程改革进程中，信息技术应扮演重要的角色。

自主阅读

信息技术与课程整合的涵义与目标

信息技术与课程整合是在先进的教育思想、理论指导下，尤其是主导—主体教学理论的指导下，把计算机及网络为核心的信息技术作为促进学生学习的认识工具与情感激励工具，丰富教学环境的创设工具，并将这些工具全面应用到各科教学过程中，使各种教学

资源、教学要素和教学环节经整理、组合,相互融合,在整体优化的基础上产生聚焦效应,从而促进传统教学结构与教学模式的根本变革,也就是促进以教师为中心的教学结构与教学模式的变革,从而达到培养学生的创新精神和实践能力的目标。

信息技术与课程整合的实质是基于信息技术在教育中的功能优化组合并系统设计、处理和实施课程的各个方面(如课程内容、课程资源、教学环境、教学过程、学习评价等),从而更好地完成课程的目标。

信息技术与课程整合的宏观目标可以定义为:“建设数字化教育环境,推进教育的信息化进程,促进学校教学方式的根本性变革,培养学生的创新精神和实践能力,实现信息技术环境下的素质教育与创新教育。”具体可以阐述为:

1. 培养学生终身学习的态度和能力
2. 培养学生掌握信息时代的学习方式
3. 培养学生具有良好的信息素养
4. 培养学生的适应能力、应变能力与解决实际问题的能力

鉴于当前学校教育中常用的现代教育技术主要以多媒体和网络为主,我们将分别从这两个方面分析现代教育技术对高中地理课程改革的作用。

(一) 多媒体技术对高中地理课程改革的作用

多媒体有三个主要特点:一是信息表现形式可同时作用于人的多种感官,主要是作用于人的视觉系统和听觉系统;二是可以提供超越人的感官系统的信息,例如人的肉眼看不见的宏观世界与微观世界,以及极速动态过程或极其缓慢的过程等;三是强烈的通感性,可以即时实现人的不同感觉之间的转换与交流。

基于以上特点,多媒体技术与高中地理课程整合,可以发挥以下作用:

1. 为学生理解各种人文环境提供便捷和必要的资源

例如在“长江”一课导入环节,可以播放长江的影视片段,悦耳的音乐、美丽的画面、娓娓的解说,使学生犹如亲临其境,一方面给学生以美的享受,另一方面可以帮助学生集中精力。当讲到我国的河流和湖泊对人类的影响时,可以播放河流和湖泊图片,鼓励学生讨论。

2. 为创造教学情境提供简洁实用的手段。不管是对宇宙还是对时间、空间的理解,常需要情境的创设。情境创设是地理教学的本质要求。地理教学最大的一个特征就是实践性,而任何实践都是在一个特定的情境中发生的。多媒体不能提供一个完全真实的生活情境,但却可以提供真实生活情境中的某些要素,起到一定的创设生活情境的作用,比如图片、声音等。

3. 增强地理教学的趣味性,使课堂教学更为活跃。这种趣味性可能来自新技术手段本身的新颖性对学生感官的刺激,更重要的是将教学内容、教学过程本身变得生动有趣,促进学生积极主动地学习。

(二) 网络技术对高中地理课程改革的作用

1. 资源共享

地理教学有教材,但是正如我们常说的一句话:“用教材教而不是教教材”,教材只是地理教学资源中的一部分。网络上丰富多样可供地理教学所用的资源,大致分为两种:一种是专门为地理教学设计制作的地理专题学习网站或网页。

例如讲"宇宙"时，需要让学生了解有关"宇宙"的结构、特性等，也需要同学们对其进行讨论，这时就可以通过"网络主题阅读"的形式，通过互联网或校园网集中一批网络资源提供给所有学生。这些资源一般是教师有意识收集并经过组织后提供给学生的，内容十分丰富，可以给学生留下足够的搜寻空间。

另一种是学生根据自己的需要，自由地在开放的网络上搜寻到的信息。这些信息并不是专门为地理教学设计，但可供地理教学所用。如大量的精品图片、社会评论等。利用这些资源的好处在于价廉易得、广泛共享、内容丰富、形式多样。网络可以帮助我们超越课本，弥补我们贫乏的知识面，可以便捷地引导学生进行课外涉猎。

2. 自主学习

自主学习包括三个方面：学什么、怎么学、学到什么程度。网络的开放性和无限性保证了学生通过网络实现自主学习的可能性。网络打破了时间和空间的限制，将教室和课时进行无限地延伸。由于网络提供了丰富多样的学习资源，学生可以根据自己的需要和爱好，自由选择自己喜欢的方式学习，每次学到什么程度也可以自主决定。如案例中教师在"宇宙"课中提供的图片及其他网络资源，就为学生开展自主学习提供了方便。如图 1–3。

图 1–3 太阳系结构示意图

3. 充分、多元的互动

传统课堂上师生、生生互动常受到时间、空间上的局限，交互的范围也有限。网络打破了这些局限，或近在隔壁，或远在天涯，或同步，或异步，均可互动。此外，交互的对象可以面向整个网络使用者。网络互动是多元的，同样的信息不同的人有不同的反应，学生可以在多元互动中获得多元视角。

4. 远程教学

远程教学是指不同空间的教师和学习者在一个教学平台上开展教学活动。这种教学方式又可以分为两种：一种是以"观看"为主的学习，即学习者通过观看另一个教学现场的教学活动参加学习，有的还可以提供在线讨论；另一种是以"阅读"为主的教学，即学习者通过阅读教师在网上提供的学习资源和其他教学活动材料加以学习。

反思总结

现代教育技术在高中地理教学中的应用为地理课程和教学带了很多便利，同时也会产生一些问题。因此，不同的教师对现代教育技术的应用持有不同的态度。阅读下面几位教师的观点，结合本节的学习内容，把您的观点写在下面。

教师 1：地理教学就是要强调学生对地理环境的认知水平，而多媒体最主要的作用是直观、形象，与地理教学目标正好相反，因此我认为地理教学最好的材料就是教材，最好的方式就是教师领着学生认知、领悟。我反对在地理教学中使用多媒体材料。

教师 2：我不同意教师 1 的观点。我个人就非常喜欢在教学中使用多媒体课件，最明显的效果就是让学生喜欢上地理课，每次上地理课之前，学生都跑到办公室问我："老师，咱们这节课用多媒体吗？用的话，我提前打开设备。”我觉得首先把学生的注意力和兴趣调动起来很重要。

教师3：我觉得地理也好数学也好，信息技术的作用都毋庸置疑，因此，我认为对于地理教学来说，不是该不该用，而是该怎么用的问题。高中地理新课程涉及的内容很丰富，用不用多媒体材料不能一概而论。有些内容（如宇宙、行星等）强调对抽象事物的理解，强调学生的想象就应该用，而有的内容（如地表地貌、时区划分等）强调对既定事实的理解记忆，则可不用或少用，因此，现代教育技术的应用应该视情况而定。

您的观点：____

____

____

思考与练习：

一、名词解释

教育技术　信息技术与课程整合

二、简答题

1. 现代教育技术对高中地理课程有何作用？

2. 结合自己的体会，分析信息技术与高中地理课程整合存在哪些误区？

备课篇

- 教学方案的制定
- 高中地理多媒体素材准备
- 高中地理多媒体课件制作

第2章 教学方案的制定

本章概要

教学方案的制定是教学实施过程中的重要一环,也是上好一堂课的先决条件。教学设计是教师在备课过程中对媒体、资源和学科内容进行全方位的准备与设计。尤其是在设计信息化课堂教学时,除了对学科内容与教学过程进行系统的梳理和整合,还要对媒体资源进行加工与制作,使之更加符合课堂要求。本章针对高中地理备课过程中的教学方案的设计、形成与修改进行介绍。

知识结构图

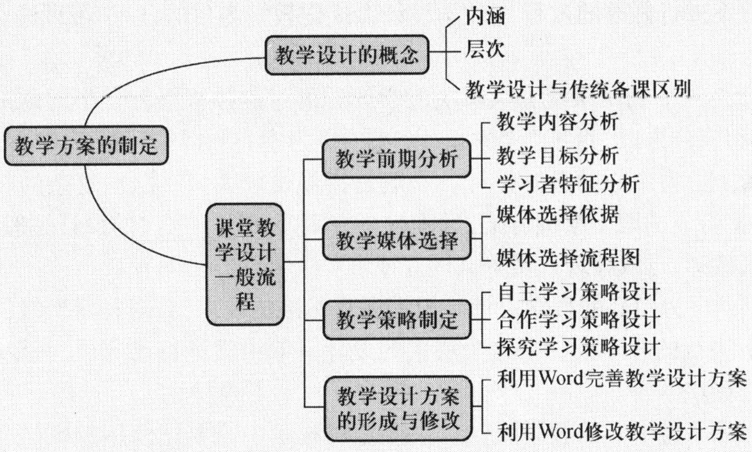

第一节 教学设计的一般流程

学习目标
☆ 能说出教学设计的基本理念
☆ 记住教学设计中的核心组成要素
☆ 掌握教学设计的概念及作用
☆ 了解课堂教学设计的一般流程

在某省电教馆组织实施的全省骨干教师教育技术能力培训中,我们有幸接触到来自全省各个学科的优秀教师。张老师就是参加成员之一,学科是高中地理。通过这次研讨,张老师表达了在教学过程中对教学设计环节的困扰以及如何有效地利用现有的资源与设备的问题,引起与会老师的共鸣。这个问题带有普遍性,随着我国教育事业的发展,教育改革正在逐步深化,促进教学效果最优化,扩大教育规模、提高办学效益,这些都是教育改革的目标,而教育技术正是实现这些目标的重要途径和有力保证。为了推动教育改革,把教学设计的基本理论和方法广泛地介绍给所有的学科教师是当前教育技术工作者一项光荣而艰巨的任务。

一、教学设计概述

1994年,乌美娜教授在其主编的《教学设计》教材中给出了定义:教学设计是运用系统方法分析教学问题和确定教学目标,建立解决教学问题的策略方案、试行解决方案、评价试行结果和对方案进行修改的过程①。教学设计以优化教学为目的,以学习理论、教学理论和教育传播理论为基础。

教学设计是一个利用系统方法解决教学问题的过程。根据教学中问题范围、大小的不同,教学设计相应分为以“系统”为中心、以“课堂”为中心和以“产品”为中心三个层次。

(1) 以“系统”为中心的教学设计。一般是指规模较大、较综合、复杂的教学系统,如一门课程设置、某行业的职工培训方案,远程教育方案等。这一层次的设计一般由教学设计人员、学科专家、教师、行政管理人员等共同完成。

(2) 以“课堂”为中心的教学设计。根据课程标准的要求,针对特定班级的学生,在固定的教学条件下进行的教学设计。这个层次的设计一般由教师自己完成,必要时可由教学设计人员辅助进行。

(3) 以“产品”为中心的教学设计。主要是对教学中需要把使用的媒体、材料、教学包、网络教学系统等当做产品进行设计。这一层次的教学设计通常由教学设计人员、学科教师合作完成,有时还需要学科专家、媒体专家合作完成。

传统“备课”属于面向“课堂”的教学设计范畴,教学设计以系统方法为灵魂,站在统揽全局的高度对课堂教学各要素进行合理有序的规划和协调,是更全方位和立体化的“备

① 乌美娜.教学设计[M].北京:高等教育出版社,1994,11:15。

课”。但两者在指导思想和视野方面存在一些差异。

自主阅读

传统“备课”与系统“教学设计”的关系①

为了帮助教师更深刻地理解教学设计的内涵，现将传统“备课”与系统“教学设计”的区别与联系分析如下：

一、内容方面

传统“备课”主要是三备：备教材、备学生和备教学方法。新课程背景下，课程标准驱动取向明显，教师的每一个教学行为都要紧紧围绕帮助学生实现教学目标服务。系统的教学设计强调目标、教学过程和教学评价之间的一致性和匹配度，内容由基础的“三备”扩展为“五备”：备(具体)教学目标、备学生、备(教学)任务、备教学过程(流程)和备检测评价。

二、目的方面

传统“备课”时，教师潜意识中更关注个人如何完成教学任务。教师要讲得流利，讲得精彩，主要关注个人特色的展现。系统的“教学设计”在关注教师个人特色同时，更强调为学习去设计教学。教师的“教”要为学生的“学”服务，以教导学，以教促学，真正把教学效果落实在学生学习目标的达成上。

三、视野方面

传统“备课”的视野一般是孤立的，“就课而备课”。系统的“教学设计”则要求将宏观和微观视野有机结合起来：既统揽全局又循序渐进。在以系统思想为指导着眼整体时，要求教师将每一节课放在单元背景里、学科背景里，甚至整个课程背景里去设计，强调“大课程”理念，避免“只见树木，不见森林”；在具体实施教学时，强调扎实有序落实每一个教学环节，一步一步达成目标。

四、功效方面

传统“备课”效果更多依赖于教师经验。系统的“教学设计”则在理论高度对教师进行指导，可以克服教学过程中完全凭借个人经验和意向组织教学的弊端。教学设计可以使教学工作建立在科学流程的基础上，加速新教师或经验不足教师的成长，可谓“雪中送炭”；对于有经验的教师，则能提升其备课的水平，促进教学规律和成果的推广普及，又是“锦上添花”。

教学设计是对传统“备课”的总结和提升，将教师教学工作的成效建立在规范化、程序化、技术化的科学基础上，有利于提高教师专业水准，促进教师专业化的发展②。

在教师进行教学设计时，尤其是在讲授复习课的过程中，需要对一个单元的学习内容进行整体设计，我们称之为单元教学设计。单元教学设计就是从一章或是一个单元的角度出发，根据章节或单元中不同知识点的需要，综合利用各种教学形式和教学策略，通过一个阶段的学习让学习者完成一个知识单元的学习。

① 李兆君．教学设计与方法［M］．沈阳：辽宁教育出版社，2006。

② 刘钢等．现代教育技术与初中地理教学［M］．北京：高等教育出版社，2009，8：50。

在教学内容上，一节课的教学设计主要是针对适合在一个课时内实施的学习内容进行设计，而单元教学设计主要是对教材中的一章或一个“单元”等知识结构相对完整和综合的学习内容进行设计；在课时安排量上，一节课的教学设计是指利用一个课时能够完成的，而单元教学设计一般需要多课时完成；一节课的教学设计的形式一般只有一种，而单元教学设计则根据单元或是章节中不同知识点的需要，一般会包括有多种教学形式。

通过比较可以看出，单元教学设计的优势在于打破了个别知识点之间的壁垒，不但关注如何让学习者掌握个别的知识点，同时也重视让学习者理解一章或是一个单元中各个知识点之间的内部联系，这种系统教学设计的方法，既帮助了教师整体把握章和单元的教学内容与教学形式，也更方便学习者理清知识点之间的关系，形成体系更加完整、结构更加坚固的知识网络。

教学设计过程具有一定的程序化步骤，称之为教学设计模式，在不同的教学条件下应该有不同的教学设计模式。但是几乎所有的教学设计模式都包含了分析、设计、开发、实施和评价这几个基本要素或步骤，由此产生了作为覆盖各种教学设计模式的 ADDIE 模式。经典的 ADDIE 模式是对教学设计基本理念的另一种阐释。

延伸拓展

教学设计的 ADDIE 模式

教学设计共有5个方面：分析(analysis)、设计(design)、开发(development)、实施(implementation)和评价(evaluation)，简称为 ADDIE 模式。

(1) 分析：包括目标分析、任务分析、学习者分析、媒体(资源)分析、成本分析等；

(2) 设计：包括宏观教学系统(教育系统、各类学校、学科专业、人力资源、培训系统等)设计、微观教学系统(课程设计、课件设计、教学环境设计、教学材料设计、学习者的控制)设计等；

(3) 开发：通过教学设计人员、学科内容专家、学科教师、信息技术人员，以及美术、音乐人员等共同合作将上述设计蓝图具体化并产生一个工作模型；然后，通过对工作模型的形成性评价，以及在开发过程中对评价反馈结果的整合，最终产生一个完整的实施程序；

(4) 实施：把上述实施程序交付给相关的人员(如决策者、教师、学习者)进行实际操作；

(5) 评价：在实施过程中和结束后，对目标的达成度做出评价，并对设计方案提出反馈修改意见。

二、课堂教学设计的一般流程

教学设计以系统方法为指导，其操作过程基本上遵循了系统方法的一般过程。为了便于操作，人们在具体的教学实践中建立了许多教学设计过程模式。教学设计的过程模式综合了教学系统的各个要素，将运用系统方法的设计过程加以模式化，提供了一种实施教学系统方法的具体可操作化的程序与技术。教学设计过程的一般模式如图 2-1 所示：

在上图中我们见到了关于教学设计过程的基本组成部分：学习需要分析、学习内容分析、学习者分析、学习目标的阐明、教学策略的制定、教学媒体的选择和运用以及教学设计成

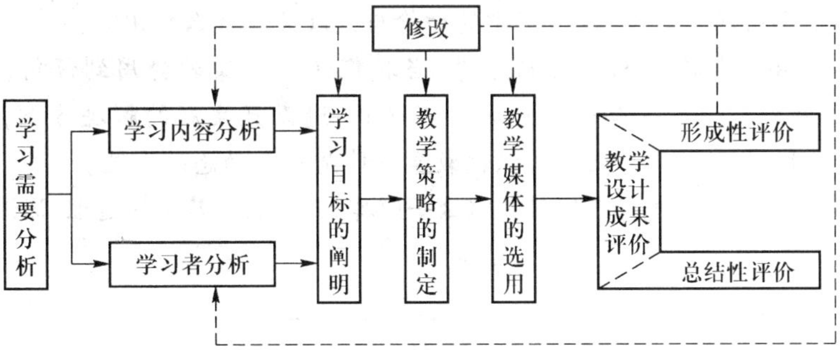

图 2-1　教学设计过程的一般模式

果的评价。这七个基本组成部分中可概括为四个基本环节：分析教学对象、制定教学目标、选择教学策略、开展教学评价。各种完整的教学设计过程都是在这四个基本要素（学习者、目标、策略、评价）的相互联系和相互制约所形成的构架上形成的。教学设计过程的一般模式描述了教学设计的基本过程。这个过程可以分为四个阶段，即前期分析阶段、阐明学习目标阶段、设计教学方案阶段和评价与修改方案阶段。

活动建议

选择一节课，试着梳理这节课的教学内容及教学思路，根据教学设计过程的一般模式图，讨论设计教学方案的步骤与过程。（要求在多媒体教室环境下）

____

____

____。

反思总结

在了解了教学设计的一般流程以后，教师们对教学设计的一般模式图中的几个步骤会有自己的看法，下面是在省教育技术培训班上的学员与教授之间的对话，请仔细体会并思考，在教学设计过程的一般模式图中，是如何将系统理论运用到教学设计当中的？

自主阅读

学员（赵）：刘教授，我认为，在教学设计过程中，学习者分析是其中的重要一步，这一环节是体现新课改的重要组成部分，虽然在传统备课过程中也对学生的特点进行分析，但我觉得教学设计中更加强调对学习者学习风格的分析，这样就做到了个性与共性的整体分析，使教学准备更加充分，利于因材施教。

教授（刘）：是的，您说得不错，但在整个模式图中，各个要素构成一个动态的系统，比如学习需要分析是前提，好比产品开发前的市场调研，要找到学习者目前的知识差距，而学习内容分析与学习目标的阐明则是教学设计的重要组成部分，通过这两个环节，使得我们教师明确了所要传递知识的主要内容，再加上您说的学习者分析，构成了教学设计的前期分析。而之后的教学媒体的选择与运用从属于教学策略的制定，二者本质上都在思考寻找更合适的办法与策略来组织教学。

学员(赵):那请问刘教授,这个图中的评价与修改又起什么作用呢?

教授(刘):评价是修改的前提与参考,当我们试行方案时会用到评价,之后才会有修改,将前面分析与设计不合理的地方加以修正,进而产生新的解决方案,并再一次试行—评价—修改,直到满意为止。所以说教学设计是一个动态的系统。

学员(赵):啊,原来是这样啊!经您这么一解释,我才明白其中的道理,谢谢,非常感谢。

请写下您的观点:______________________________

____

____

____

____

____

____

第二节 教学前期分析与教学策略制定

学习目标

- ☆ 学会分析学生的学习风格
- ☆ 能按要求编写教学目标
- ☆ 能说出教学策略的含义
- ☆ 列举教学内容分析要点
- ☆ 知道教学对象分析,能够结合实际情况分析学习者特征
- ☆ 了解知识可视化工具,能够借助概念图工具进行教学前期分析

如上节所述,在某省骨干教师教育技术培训班上,李老师提出了一个关于高一学生认知特征的问题引起了大家的广泛交流与讨论。这个问题实际上是教学设计中较为重要但易被忽视或无从下手的环节——学习者分析,教学设计要考虑适切性就必须分析学习者的特征,以往的教学环节考虑学习者的地方较少。根据教学设计的理念,我们要认真地进行前期分析,其中就包括学习者分析,教学目标分析及教学内容的分析等。

一、教学设计的前期分析

一般来说,教学的前期分析包含以下几个要素:教学目标分析、学习者分析、教学内容分析等。

(一) 教学目标的分析

教学目标贯穿于教学活动的始终,教学是促进学习者朝着目标所规定的方向产生变化的过程。教学目标是一个层级概念,可以分为教学总目标、课程目标、单元目标和学习目标。高中地理课的教学设计始于教学目标的确立,并以目标的形式描述学生的具体行为。

自主阅读

布卢姆(Bloom)对认知领域教学目标的分类

美国著名心理学家布卢姆,将认知领域的教学目标分为识记、领会、运用、分析、综合、评价六个层次。

(1) 识记(Knowledge):是指对先前学习过的知识材料的回忆,包括对具体事实、方法、过程、理论等的回忆。这是最低层次的认知学习结果。

(2) 领会(Comprehension):是指把握知识材料意义的能力。可以通过三种形式来表明对知识材料的领会,一是转化,即用自己的话或用与原先不同的方式来表达所学的内容。二是解释,即对一项信息(如图表、数据等)加以说明或概述。三是推断,即预测发展的趋势。领会超越了单纯的记忆,代表次低水平的理解。

(3) 运用(Application):是指把学到的知识应用于新的情境。它包括概念、原理、方法和理论的应用。运用的能力以知道和领会为基础,是较高水平的理解。

(4) 分析(Analysis):是指把复杂的知识整体分解为组成部分并理解各部分之间联系的能力。它包括部分的鉴别、部分之间关系的分析和认识其中的组织结构。例如,能区分因果关系,能识别材料中作者的观点或倾向等。分析代表了比运用更高的智力水平,因为它既要理解知识材料的内容,又要理解其结构。

(5) 综合(Synthesis):是指将所学知识的各部分重新组合,形成一个新的知识整体。它包括发表一篇内容独特的演说或文章,拟定一项操作计划或概括出一套抽象关系。它所强调的是创造能力,即形成新的模式或结构的能力。

(6) 评价(Evaluation):是指对材料(如论文、观点、研究报告等)作价值判断的能力。它包括对材料的内在标准(如组织结构)或外在标准(如某种学术观点)进行价值判断。这是最高水平的认知学习结果,因为它要求超越先前的学习内容,综合多方面的知识并要基于明确的标准才能做出评价。

对于地理学科的教师,在进行教学设计时更为关心的课堂教学目标属于学习目标,是对学习者通过教学以后将能达到何种状态的明确的、具体的表述。高中地理课程标准在阐述学生应实现的具体学习目标时,以行为目标的表述为主要形式。对于学生的学习结果,采用了尽可能清晰的、便于理解和操作的行为动词,从知识与技能、过程与方法、情感态度与价值观三个方面进行描述。在分析和表述目标时,应该注意以下几个方面:

1. 正确定位目标对象

教学目标分析与设计的工作由教师来完成,但阐述则应该是学习者学习之后的结果,是学生在教师与同伴的帮助下,利用资源和工具学会了什么,默认行为主语是“学生”。

2. 目标的编写尽可能明确、具体

明确具体的目标有助于师生在教学/学习过程中了解是否达成目标,以便及时调整策略。常用的方式是用行为动词和动宾结构短语表述学习的结果。最好不用“了解”“学习”“理解”“培养”等抽象含糊的动词,而使用“解释”、“说出”、“给……下定义”、“分析”等具体行为动词。

延伸拓展

高中地理教学目标编写中行为动词示例

在高中地理教学设计中，教学目标编写时采用的行为动词可分为体现结果性目标的行为动词和体现体验性目标的行为动词两类。体现结果性目标的行为动词又包括体现知识水平的行为动词和体现地理技能的行为动词。

1. 体现结果性目标的行为动词

(1) 体现知识水平的行为动词

① 了解水平：知道、认识、了解、识记、说出、举例、描述等；

② 理解水平：理解、说明、分析、解释、比较、归纳、判断、领会、区别等；

③ 应用水平：运用、应用、设计、撰写、总结、解决、评价等；

(2) 体现地理技能的行为动词

绘制、阅读、模拟、收集、查阅、实验、观察、计算、联系等；

2. 体现体验性目标的行为动词

考察、合作、形成、具有、养成、树立、感受、热爱、领悟等；

3. 说明达到目标的条件及判别标准

条件指的是行为产生时所需的要求，标准是行为完成后检测质量可接受的最低依据，它们是行为目标中的可选部分，为后续判断是否达到目标提供判断依据。但是有时条件和标准很难区分，例如"3 分钟之内"既可以认为是条件的描述，也可以认为是标准的描述。

4. 目标设计要有层次性

目标的设计要由易到难，呈现一定梯度和层次性，以便更好地适应学生的学习差异和认知特点。基本目标是大部分学生都要求掌握的，高级目标则为学有余力的学生指明努力方向。此外教师还要从总教学目标出发，逐步确定出各级子目标并明确它们之间的形成关系图，从而确定为达到目标所需的教学内容和逻辑顺序(知识点排列顺序)。

例如，在讲授"中国的河流与湖泊"一课时，辽宁省大连市 24 中学的刘驰罡老师就设计了这样的教学目标。

A. 知识与能力目标：

a. 学生能正确表述河流、湖泊等地理现象，准确描述河流等地理事物的特征。

b. 学生能掌握描述河流湖泊等地理事物特征的基本方法。

B. 过程与方法目标：

学生能通过典例分析，讲练结合，运用归纳法、比较法等多种方法解决地理问题。

C. 情感、态度、价值观目标：

学生对地理事物特征形成严谨的、科学的认识，形成正确的价值观。

(二) 教学内容分析

教学内容是指为了实现教学目标，要求学习者系统学习的知识、技能和行为规范的总和。分析教学内容的工作以总的教学目标为基础，旨在规定教学内容的范围、深度和揭示教学内容各组成部分的联系及梳理教学顺序。

1. 知识结构的分析

分析知识结构可以明确知识点之间的关系。教学顺序只有和知识的内在逻辑顺序相适应,才会受到良好的效果。教学内容分析的步骤如图 2–2 所示:

图 2–2　教学内容分析的步骤

2. 教学重点与难点

在分析教学内容的同时还需要确定教学的重点与难点。教学重点是指教学内容中最基本的、最主要的知识技能,在整个教学内容中占有核心的地位。通常,重点多集中在基本概念、基本理论和基本方法上。综合地考虑学习目标和学习内容,也有利于理清教学重点。

教学难点是教学内容中学生较难理解和掌握的部分,是学生学习中感到阻力较大或有一定难度的地方。难点既与教学内容相关,也与学习者特征相关。例如对于“海洋”特点的理解,对生活在内陆没有见过海洋的学生来说是难点,但对于居住在海滨地区的学生则非常简单。重点和难点有时是一致的,有时也不一致,而且不是每节课的内容都有难点。教师应该在深入分析教学内容的基础上确定教学重点和难点,并利用各种策略突出重点、突破难点。可以运用可视化工具来进行教学内容分析,比如,通过绘制概念图来分析教学重点与难点。如图 2–3 所示。

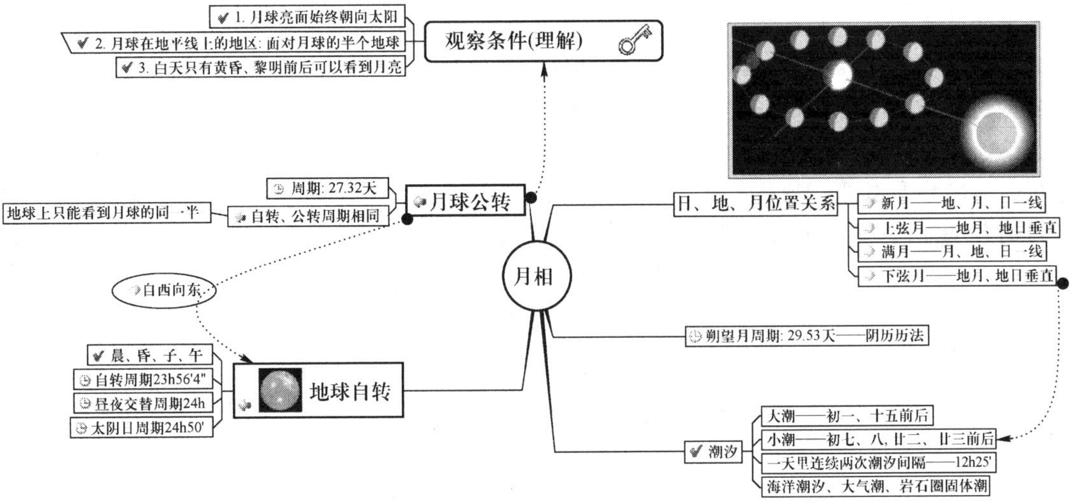

图 2–3　月相知识概念图

在概念图中,有些概念有很多和其他概念之间的联系,这种概念就成为中心概念,中心概念以及中心概念和其他概念之间的联系一般是一个教学单元中的重点。

此外,在已经掌握的概念和中心概念之间存在的联系,或者已有概念和中心概念之间可能存在的其他概念,都是教学中可能遇到的难点。利用概念图来描绘教学重点和难点十分直观,同时,能够使教师的教学设计方案更加饱满,且更易修改。

时代在不断进步,教师亦需要不断更新自己的知识结构和教学手段。通过“概念图”的制作、修改、反思和再设计的动态循环,教师将不断完善概念图,促进教学过程的完善。

延伸拓展

几种知识可视化工具

一、概念图(Concept Mapping)

根据诺瓦克(J. D. Novak)博士的定义,概念图是用来组织和表征知识的工具。它通常将某一主题的有关概念置于圆圈或方框之中,然后用连线将相关的概念和命题连接,连线上标明两个概念之间的意义关系。概念图是使用节点代表概念、连线表示概念间关系,由包含一个概念的节点及连接组成。连接被贴上标签并用箭头符号指示方向,被贴上标签的连接解释节点之间的关系,箭头描绘关系的方向,"概念—连接词—概念"这样一个三元组形成了一个命题。另外,概念图是具有层次结构的,最高级的概念处在顶端。人们可以用适合的关联词来说明不同层次的概念之间的关系,并确定不同分支之间的横向联系。概念图这种知识可视化方法最大的优点在于对知识的体系结构(概念及其概念之间的关系)一目了然地表达出来,还突出表现了知识体系的层次结构。概念图还是很好的结构化知识评估工具。

二、思维导图(Mind Mapping)

思维导图最初是20世纪60年代英国人托尼·巴赞(Tony Buzan)(1999)创造的一种笔记方法。托尼·巴赞认为:传统的草拟和笔记方法有埋没关键词、不易记忆、浪费时间和不能有效的刺激大脑四大不利之处,而简洁、效率和积极的个人参与对成功的笔记有至关重要的作用。在草拟和笔记的办法成效越来越小的情况下,需要一种可以不断增加回报的办法,这种办法就是思维导图。尽管思维导图的初始目的只是为了改进笔记方法,但它的作用和威力在日后的研究和应用中不断显现了出来,被广泛应用于个人、家庭、教育和企业。托尼·巴赞认为思维导图是对发散性思维的表达,因此也是人类思维的自然功能。他认为思维导图是一种非常有用的图形技术,是打开大脑潜能的万能钥匙,可以应用于生活的各个方面,其改进后的学习能力和清晰的思维方式会改善人的行为表现。

活动建议

学习配套光盘中的概念图软件Free Mind教程,选择一节课,利用概念图方式进行教学内容分析,并将您对概念图工具的使用心得写在下面的横线上。

____

____

____

(三)学习者特征分析

教学设计的最终目的是为了有效地促进学习者的学习,而任何一个学习者都会把他原来所具有的知识、技能、态度带入新的学习过程。分析学习者特征时,既要考虑学习者稳定的、相似的特征,为集体化教学提供指导,又要分析学习者之间变化的、差异性的特征,以便实施个别化教学和因材施教。对于课堂教学设计,应主要考虑对学习产生重要影响的,并且是可干预、可适应的特征要素,同时考虑学科的独特性,以促进有意义学习的发生。

1. 认知特征、学习风格和起点水平

在教学设计实践中，通常分析特定年龄阶段学生的认知特征、学习风格和起点水平。认知发展的特征是指学习者获得知识和解决问题的能力随时间发生变化的过程和现象。不同年龄阶段的学生认知发展水平不同，这是教学设计考虑的重要因素之一。在学习者特征中，一个重要的因素是学习者的学习风格。一般说来，学习风格没有好坏之分，只有存在是否适用的问题。

自主阅读

学习风格简述

学习风格是指学习者持续一贯的带有个性特征的学习方式的倾向性，包括学习者在接受、加工信息方面的不同方式，对学习环境和条件的不同需求，以及在认知方式方面的差异等。

学习风格是个体在长期的学习过程中逐渐形成的，一经形成，即具有持久稳定性，很少随学习内容、学习环境的变化而变化。但是学习风格的稳定性并不表明它是不可以改变的，它仍然具有可塑性。美国著名心理学家威特金（H. A. Witkin）将学习者的学习风格分为场依存型和场独立型两类。

(1) 场依存型的学习者善于把握整体，善于学习系统化、条理化的材料，喜欢与同伴在一起讨论或进行协作学习，注意环境的要求，很容易适应环境，受大家的欢迎，偏爱社会学科；但他们表现较为谨慎，不愿冒险，但受到批评时，很容易受影响，学习的积极性下降，容易受外界环境的干扰，学习欠主动，易受外在动机支配。

(2) 场独立型的学习者善于从整体中分析出各个元素，喜欢学习无结构的材料，喜欢个人独自学习，不太容易受外界的影响，对于他人的评价有自己的看法，不受外界环境的干扰，偏爱自然学科。但他们倾向于冲动、冒险、容易过分主观。

对于学习风格的分类还有多种，如分为沉思型和冲动型。沉思型学习者态度慎重，做比较有把握的选择，善于独立思考，情绪稳定，并能按计划进行学习，但他们学习速度比较慢，且不愿提问。冲动型学习者希望学习被迅速完成，能抓紧时间遇到问题不懂就问，常向他人请教，但他们容易考虑不周，缺乏对问题深究细问。

学习者起点水平的分析主要包括三方面的内容：一是对预备技能的分析，了解学习者是否具有进行新的学习所必须掌握的知识与技能；二是对目标技能的分析，了解学习者是否已经掌握了教学目标中的部分内容；三是对学习态度的分析，可采用态度量表、观察、会谈等方式进行。

2. 信息技术环境下的学习者特征

在信息技术环境下教学，除了分析以上的学生特征，还应重视信息技术媒体对于学习的影响。例如网络环境下学习者需要具有的基本信息素养，不同形式和强度的多媒体信息对学生注意力的影响等。否则信息技术对学习不仅不能产生积极的促进作用，反而会带来某些消极影响。

延伸拓展

网络环境中学习者的特征分析

(1) 网络环境中的学习者更易张扬个性。没有传统的面对面,容易克服学习者在人群面前的羞涩心理,可以直率地表达意见而不必担心因犯错而遭受嘲笑。

(2) 学习者在网络中更容易结成团体,从众和服从权威的心理削弱。网络中很容易找到与自己兴趣相同的人结成跨越时空的学习团队,由于缺少面对面的交流,从而减少了相互之间的影响。

(3) 学习者在网络环境中的扮演意识强烈。作为青少年学习者,只要点击鼠标就可以进入新的学习空间转换为相应的角色,失败后还可以马上重来,从而削弱了损失,减轻了挫折感。

(4) 学习者在网络环境中认知策略发生了变化。网络环境中可收集的信息类别有限,容易导致认知的简单化。网上交流绝大部分采用纯语言符号,慢于正常对话节奏,导致学习显得冷漠,看问题简单化和绝对化。

(5) 学习者的学习风格在网络中更易发挥和完善,不同学习风格的学生都可以找到适合自己的学习方案。

活动建议

根据您所在学校的实际情况,分析一下高中生的认知特点,并对您所教班级学生的学习风格进行分类。

二、教学媒体的选择与教学策略的制定

(一) 教学媒体的选择

"媒体"一词来源于拉丁语"Medium",音译为媒介,意为两者之间。教学媒体是指在教与学的活动过程中所采用的媒介,是储存和传递教学信息的载体和工具。常用的书本、粉笔、黑板等是传统媒体,电视、DVD、数字投影、计算机、网络等是现代媒体。常说的多媒体一方面指作用于感官的文本、图像、视频、声音等多种媒体信息,另一方面指能够呈现这些感官信息的多媒体技术。

在什么教学条件下采用什么媒体是教学设计中十分重要的问题。没有哪一种媒体是万能的,适用于所有的教学,媒体形式也不是越先进越好。教学媒体的选择受多种因素的影响。

自主阅读

教学媒体的选择

教学媒体的选择涉及很多因素，没有通用的公式，但是可以参考借鉴一些经验和方法。

1. 依据教学目标。在媒体选择的过程中，必须考虑教学目标的需要。如让学生掌握语法规则和学生能就某个情境进行口语交际是两种不同的教学目标。前者可以通过文字讲解辅助案例教学帮助学生形成语法概念，后者可以借助实际情境的图片、动画和声音激发学生口语表达的愿望。

2. 依据教学内容。同一学科的内容有很大差异。如讲授基本地理知识时，用规范的讲授比较适宜，而讲解"常见的天气"时，则辅以形象的图片和视频效果更好。

3. 依据教学对象。小学低年级的学生以形象思维为主，采用直观性强、表现手法简单明了、图像画面对比度大、易于区分事物主要与次要部分的媒体较为适宜。而到了小学高年级阶段，需要完成形象思维向抽象思维的过渡，此时完全采取形象化教学方式就过于简单，不利于学生的发展。

4. 依据教学条件。所在学校的具体情况也是需要考虑的，如设备数量、使用的方便程度等。

以下是确定教学媒体的流程图（图 2–4），可供参考。

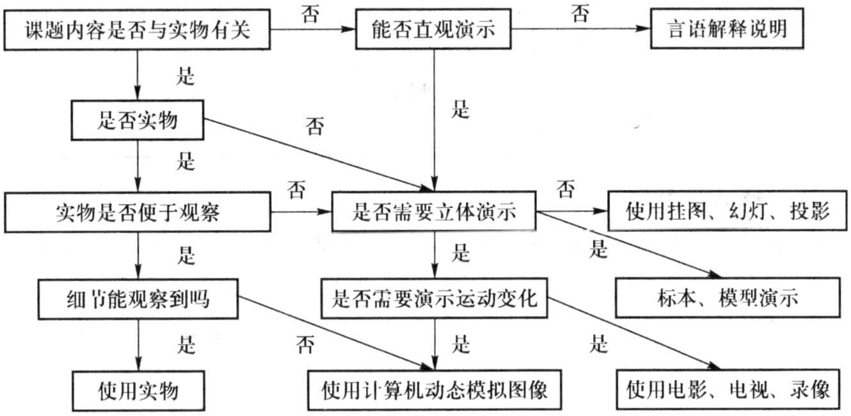

图 2–4　选择教学媒体的流程图

根据地理学科本身的特点，选择和使用教学媒体应满足以下要求：

1. 根据不同的学习目标选择教学媒体

(1) 对于认知目标中以讲授为主的陈述性知识，如地理名词、地理分布、地理数据、地理演变等，宜选用和设计图片、地图、模型、幻灯、投影、黑板等教学媒体辅助教学。

对于地理程序性知识如地理成因、地理规律、原理、地理概念等内容的学习，宜采用动画、录像、电视、电影、多媒体等教学媒体。比如像"大陆漂移"、"锋面系统"、"褶皱的形成"等内容的教学，可选择用自制 Flash 动画模拟演示，使学生观察到地理现象演变的动态过程及演变的各个阶段，能有效地促进学生理解。

(2) 对于动作技能目标，宜选用表现力强且有特殊时空突破功能特性的媒体，如利用录像的快放、慢放、重复播放功能来展示特殊动作技能，便于学生模仿和学习。教师可将自己制作地形模型、绘制某地气温降水量图的过程录制下来，让学生观看，帮助学生掌握制作或绘图方法。

(3) 对于情感、态度、价值观目标，教师可选用表现手法多样、艺术性和感染力强的媒体，如利用电影、光盘、电视片、多媒体课件、数字音响等，引起学生强烈的情感共鸣。比如在讲气候时，播放台风天气实录画面，使学生感悟灾害性天气对工农业及人们生产生活的影响，培养正确的地理观。

2. 媒体选择应与教学内容统一

教学媒体选择与设计应与教学内容相统一。不同的教学内容，知识难易和属性不同，相应的教学方法和媒体运用策略也不相同。

3. 教学方法和教学媒体密切相关。一方面，教学方法离不开教学媒体的配合，教学方法具有物质性的特点；另一方面，媒体的使用必须贯穿一定的教学方法。因此教学方法和教学媒体相辅相成，缺一不可，任何一方使用不恰当，均会影响教学效果。如果采用以讲授为主的教学方法时，则考虑选择的媒体为黑板、地图等；如果教学方法是演示法，则可考虑选用动画、模型、录像等媒体（表 2–1）。

表 2–1 教学媒体的选择

教学内容	教学方法	教学媒体
系统地理	语言信息传授、启发教学	黑板、地图、模型、仪器、实物、多媒体、幻灯、投影、录像、电影、电视
区域地理	认识、讲述、练习	黑板、地图、图片、幻灯、投影、录像
乡土地理	讲授、参观	黑板、地图、图片、幻灯

（二）教学策略的制定

教学策略是对完成特定教学目标的总体考虑，包括采用的教学活动的程序、方法、形式和媒体等因素。它体现在教与学相互作用的具体活动中，是教学过程的综合方案。教学策略具有灵活性、指示性的特点，没有适用所有教学目标、教学内容的万能策略。教学策略的设计最能体现教育教学观念和教学设计创造性的环节。

自主阅读

新课程倡导的三种学习策略

一、自主学习策略

自主学习就教学条件下学习的内在品质而言，相对于“被动学习”、“机械学习”和“他主学习”。其核心是发挥学生学习的主动性、积极性，充分体现学生的认知主体作用。自主学习策略具体形式多种多样，但始终以激发学生内部动机，“自主探索、自主发现”为主线，由“要我学”变为“我要学”。

二、合作学习策略

合作学习是以小组为基本组织形式，教师与学生之间、学生与学生之间，通过彼此激励、互相帮助的积极依赖，共同完成学习任务。合作学习是一种既适合教师发挥主导作用，又适合学生自主探索、自主发现的教学策略，是新课程中大力提倡的学习方式。合作学习为学习者提供对同一问题运用多种不同观点进行观察比较和分析综合的机会，对问题的深化理解、知识的掌握运用和人际交往能力的提高大有裨益。

三、探究学习策略

探究学习是从学科领域或现实社会生活中选择和确定研究主题，在教学中创设一种类似于学术(科学)研究的情境，学生在教师指导下通过自主、独立地发现问题，实验、操作、调查，搜集与处理信息，表达与交流等探索活动，获得知识、技能、情感与态度发展的学习方式和学习过程。探究学习的重点是通过学生投入的问题探究活动，将信息转换成知识或解决问题的方案，强调学生能力发展和良好思维习惯的培养。

教学策略主要是解决教师“如何教”和学生“如何学”的问题，是教学过程设计的重点。单独强调某一种策略是片面的，正确的做法应该是：依据现代教学理念，把各种教学策略的优势结合起来，克服各自的局限性，科学地进行教学设计，既要考虑“如何教”更适宜，更要考虑“如何学”更有利。在教学过程中根据具体情况对教学设计方案进行调控、修正，做到既有章可循，又灵活多变，创设出丰富多样的课堂教学效果。

反思总结

通过本节课的学习，你认为教学设计的前期分析需注意哪几个方面的问题？

____

____

____

第三节　教学设计方案的形成与修改

学习目标

☆ 能利用教学设计方案模板设计一堂高中地理课

☆ 能根据教学评价与反馈对教学设计方案进行修改

一节优质课是经过反复修改“打磨”出来的。想要设计一节完美的、符合本班学生特点的、满足本校教学要求的教学方案需要不断地修改和完善。

信息化环境为广大教师得到教研员及有经验懂技术同伴教师的指导提供了迅捷、便利的条件。崔老师在设计“大规模的海水运动”教学方案时，就有这样的体会：借助电子邮件，市里教研员给我推荐规范的教学设计方案模板，并使用 Word 的批注、修订功能对我设计的电子教案进行多次修改并提出了参考建议。通过几次修改，对比前后设计思路的变化，我获益匪浅。在提高了自身设计理念的同时，切身感受到了现代信息技术所带来的进步！

一、利用 Word 完善教学设计方案

(一) Word “目录”功能的使用

根据教学设计方案的章节用 Word(本书以 Word2003 版本为例)来自动生成目录不但快捷,而且方便阅读查找内容,更重要的是便于修改,增减内容。利用 Word 自动生成的目录,你可以任意修改文章内容,最后点击更新目录即可。

自动生成目录的步骤如下:

1. 在“格式”菜单中选择“样式与格式”

2. 在窗口右边出现“样式格式”栏,把此栏中“标题 1”、“标题 2”、“标题 3”分别应用到文中各个章节的标题上。例如:文中的“第一章 教学案例设计”我们就需要用“标题 1”定义。而“1.1 大规模的海水运动”就用“标题 2”定义。如有“1.1.1×××”则用“标题 3”来定义。

3. 用“标题 1、2、3”分别去定义文中的每一章节。只需把光标点到“第一章 教学案例设计”上,然后用鼠标左键点击右边的标题 1,则定义完成;同样方法用于“标题 2、3”定义“1.1”、“1.1.1”,依此类推,直到全文结尾。

4. 当全文定义完成后,即可生成目录。把光标移到文章前的空白位置,选择【插入】菜单中的【引用】子菜单下的【索引和目录】选项。在弹出的窗口中选择【目录】选项卡,如图 2-5 所示。单击【确定】按钮,目录自动生成,如图 2-6 所示。

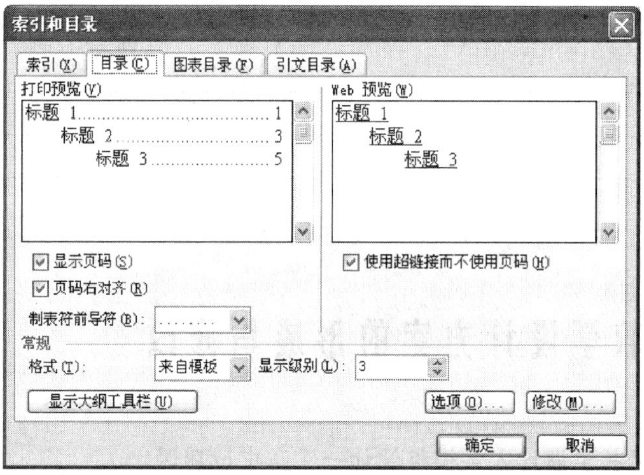

图 2-5 “索引与目录”对话框

5. 当重新修改文章内容后,需要更新目录,方法是:在目录区域内,点击右键,弹出的菜单中选择【更新域】选项,在弹出的窗口中选择【更新整个目录】,点击【确定】,目录则自动更新。

(二) Word 脚注和尾注的使用

在教学设计案例中,脚注和尾注是对文本的补充说明。脚注一般位于页面的底部,作为文档某处内容的注释;尾注一般位于文档的末尾,列出引文的出处等。

脚注和尾注由两个关联的部分组成,包括注释引用标记和其对应的注释文本。用户可让 Word 自动为标记编号或创建自定义的标记。在添加、删除或移动自动编号的注释时,Word 将

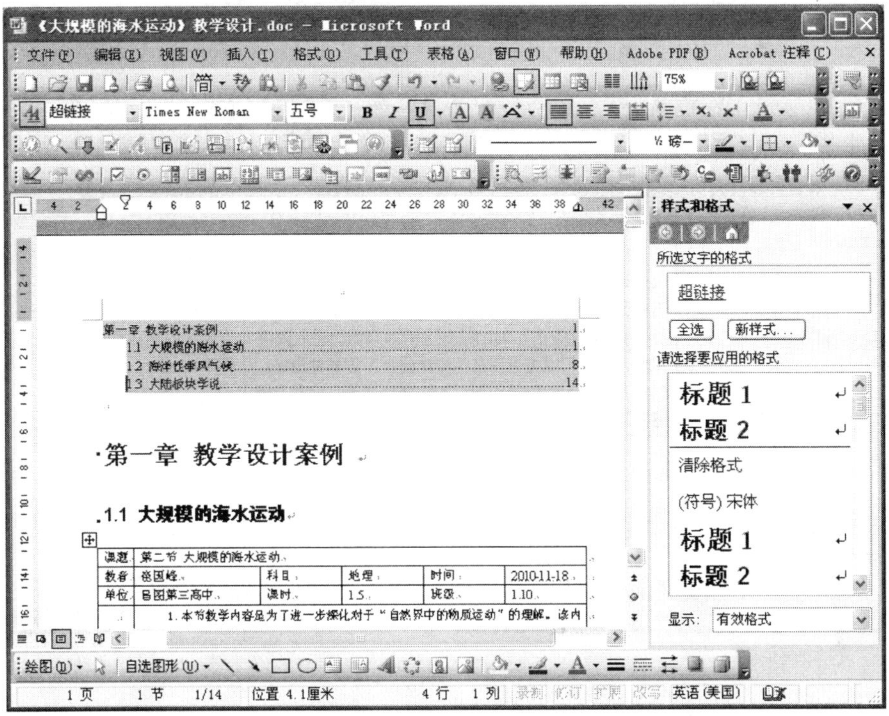

图 2-6　自动生成的目录

对注释引用标记重新编号。插入脚注和尾注的步骤如下：

1. 将光标移到要插入脚注和尾注的位置。

2. 单击【插入】菜单中的【脚注和尾注】菜单项，出现如图 2-7 所示的【脚注和尾注】对话框。

3. 选择【脚注】选项，可以插入脚注；如果要插入尾注，则选择【尾注】选项。

4. 如果选择了【自动编号】选项，Word 就会给所有脚注或尾注连续编号，当添加、删除、移动脚注或尾注的引用标记时重新编号。

5. 如果要自定义脚注或尾注的引用标记，可以选择【自定义标记】，然后在后面的文本框中输入作为脚注或尾注的引用符号。如果键盘上没有这种符号，可以单击【符号】按钮，从【符号】对话框中选择一个合适的符号作为脚注或尾注即可。

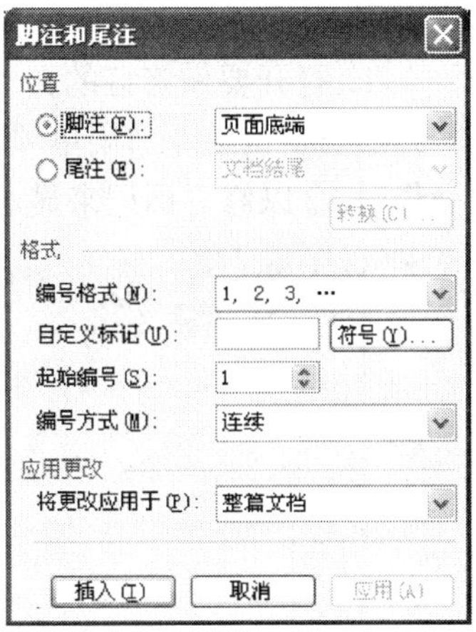

图 2-7　"脚注和尾注"对话框

6. 单击【确定】按钮后，就可以开始输入脚注或尾注文本。输入脚注或尾注文本的方式会因文档视图的不同而有所不同，图 2-8 为 Word 文档中的"脚注"实例。

(三) Word"修订"功能的使用

1. 使用修订标记

使用修订标记，即是对文档进行插入、删除、替换以及移动等编辑操作时，使用一种特殊的标记来记录所做的修改，以便于用户知道文档所做的修改，这样其他用户还可以根据实际

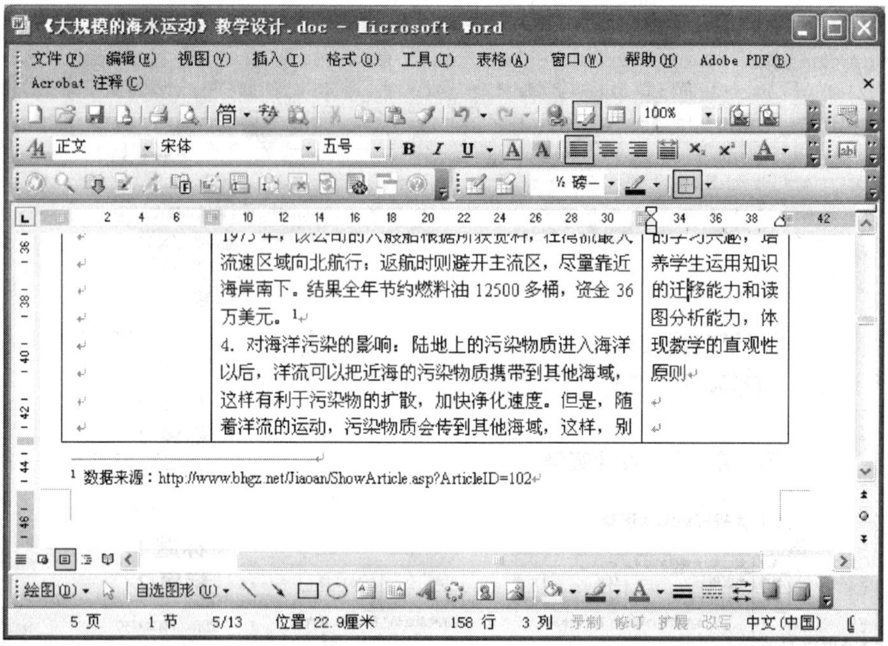

图 2-8 “脚注”实例

情况决定是否接受这些修订。

使用修订标记来记录对文档的修改，需要设置文档使其进入修订状态，可以按照如下方法进行：

(1) 打开要做修订的文档。

(2) 选择【工具】菜单项中的【修订】菜单项。进入修订状态的文档，当对文档进行编辑操作时，会以修订标记来显示，如图 2-9 所示。

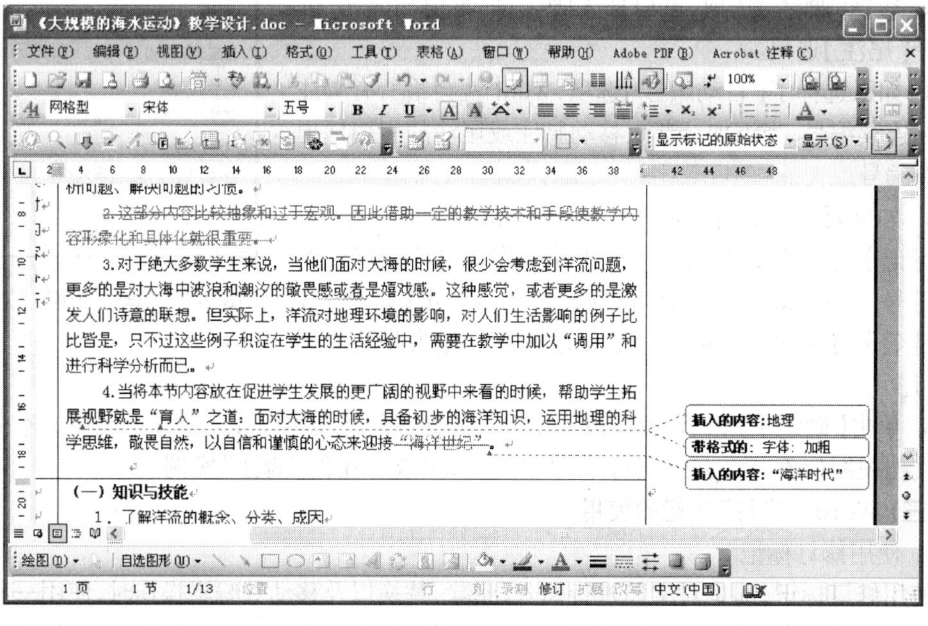

图 2-9 “修订”功能实例

2. 设置修订标记选项

默认情况下,Word 用单下划线编辑添加的部分,用删除线标记删除的部分。用户也可以根据需要来自定义修订标记。如果多位审阅者审阅同一篇文档,更需要使用不同的标记颜色以互相区分,所以用户有时需要对修订标记进行设置,设置修订标记选项步骤如下:

(1) 单击【工具】菜单中的【选项】菜单项,在弹出的【选项】对话框中选择【修订】选项卡,如图 2–10 所示。

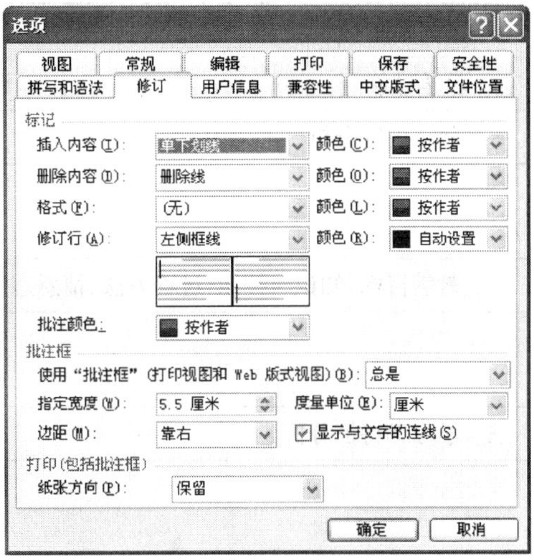

图 2–10 “修订”选项卡对话框

(2) 根据用户的需要,分别对【插入内容】、【删除内容】、【格式】和【修订行】选择标记和颜色。

(3) 选择后单击【确定】按钮。

3. 接受或者拒绝修订

文档进行了修订后,可以决定是否接受这些修改,步骤如下:

(1) 单击【视图】菜单中的【工具栏】菜单项,再从级联菜单中选择【审阅】菜单项,出现【审阅】对话框,如图 2–11 所示。

图 2–11 “审阅”对话框

(2) 如果接受当前的修订,单击【审阅】对话框中的按钮。如果接受全部的修订,则单击按钮,在弹出的菜单中选择“接受修订”。

(3) 如果不接受当前的修订,单击按钮,在弹出的菜单中选择【拒绝对文档的所有修订】。

(4) 要按顺序把修订的地方逐项审阅,单击按钮可以向前查找前一处修订,单击按钮可以向后查找下一处修订。

二、教学设计方案通用模板的使用

“教学是一门遗憾的艺术”,教师上过的每一堂课都有进一步提升的空间,课上采用的教学设计方案均有进一步修改和完善的必要。以往,教师主要通过在教案后面书写教学反思或教学后记的方式进行总结。随着电子化备课的兴起和数字化教案的普及,巧用教学设计方案模板来规范教学设计,既可以提高工作效率,又可以提高教学效果。

在学习了一些基本的教学方案制作方法后,我们再来了解一下教学设计的通用模板。教学设计通用模板提供了一个开展教学设计的任务框架,根据这个任务框架,教师可以在具体方法的指导下完成教学设计,因此它具有一定的实用价值。(各种类型的教学设计模板参见本书后附光盘。)

以下是“中小学教师教育技术能力培训学科教师项目”中推荐使用的模板。表 2–2 是表格式设计模板。

表 2-2 学科教师通用教学设计方案模板

案例名称				科　目	
教学对象		课时		提供者	

一、教材内容分析

二、教学目标（知识与技能、过程方法、情感态度价值观）

三、学习者特征分析

四、教学策略选择与设计

五、教学环境及资源准备

六、教学过程

教学过程	教师活动	学生活动	设计意图及资源准备

教学流程图

七、教学评价设计

八、帮助和总结

案例研习

下面是辽宁省铁岭市昌图第三高级中学崔国峰老师提供的一节高中地理课的教学设计方案。

案例名称	第二节　大规模的海水运动			科　目	高中地理
教学对象	高中一年级	课时	1.5	提供者	崔国峰

一、教材内容分析

1. 本节教学内容是为了进一步深化对于“自然界中的物质运动”的理解。该内容属于地理学科的核心内容。它可以培养学生的“读图分析和概括能力”。

2. 这部分内容比较抽象和过于宏观。因此借助一定的教学技术和手段使教学内容形象化和具体化就很重要。

3. 洋流对地理环境的影响,对人们生活影响的例子比比皆是,只不过这些例子积淀在学生的生活经验中,需要在教学中加以“调用”和进行科学的分析。

4. 将本节内容放在促进学生发展的更广阔的视野中来看,帮助学生拓展地理视野就是“育人”之道,即面对大海时,具备初步的海洋知识,运用地理的科学思维,敬畏自然,以自信和谨慎的心态来迎接“海洋世纪”。

二、教学目标(知识与技能、过程方法、情感态度价值观)

(一) 知识与技能

1. 了解洋流的概念、分类、成因。

2. 运用世界洋流模式图,分析世界洋流分布的规律。

3. 理解洋流对地理环境的影响。

(二) 过程与方法

1. 学会绘制大洋环流模式简图,培养学生的动手能力、地理空间思维能力、形象思维能力和综合分析加工地理信息的能力。

2. 学会用简练的语言表述洋流的分布规律及对地理环境的影响,培养学生综合分析问题的能力。

3. 通过理解洋流对地理环境的影响,培养学生理论联系实际的能力。

(三) 情感态度与价值观

使学生树立物质是运动的、运动是有规律的,运动是物质的本质属性、是客观存在的观点。事物是普遍联系的,洋流和地理环境各要素之间是相互联系、相互制约、相互影响的,从而受到辩证唯物主义思想教育。

三、学习者特征分析

1. 由于初中地理对这部分的知识没有介绍,高中一年级学生的知识结构中没有世界表层洋流的系统。在设计时让学生反复充分阅读“世界表层洋流的分布图”,以熟悉洋流的名称,并最终运用该图分析洋流对地理环境的影响。

2. 高中一年级学生对于战争(如第二次世界大战、海湾战争)等事件比较感兴趣,在导入新课时,选取有关洋流对地理环境和人类活动的影响等的事例来吸引学生的注意力,提高学习兴趣。

3. 高一学生学习本课时内容可能遇到的障碍有:在通过地图归纳洋流的分布规律时不知道该如何下手,对洋流的主要成因的分析找不到突破口,对寒暖流对沿岸的气候影响、寒暖流交汇、上升流对渔场分布的影响没有感性认识。

四、教学策略选择与设计

整个教学过程以启迪学生思维为核心,以学生为本位,发挥自主合作学习的优势,在归纳规律、探究问题的过程中,展示学习方法,让学生有法可依,力求促进学生积极的思维方式。不将结果简单抛给学生,而是让学生在教师的精心组织和步步启发引导下分析、对比、推理、判断,并得出结论,然后教师简评、补充、总结,符合循序渐进的教学原则和新课标的课改精神。

续表

五、教学环境及资源准备			
多媒体教室			
六、教学过程			
教学过程	教师活动	学生活动	设计意图及资源准备
案例一:1492年哥伦布第一次横渡大西洋到美洲,共花了37天的时间。1493年哥伦布第二次去美洲,结果只花了20天时间就顺利到达,比第一次少了17天。而第二次哥伦布走的是距离较长的路线。(见图中A、B两条不同的路线。)	【导入新课】	请同学思考海水为什么会产生大规模运动? 促使其运动的动力又是什么呢? 洋流可分为哪些类型?	利用同学们熟悉的历史事件,设计悬念,导入新课,有助于吸引学生的有意注意,有效调动学习兴趣,激发兴奋点,唤起求知欲及参与意识。
演示"风海流"的形成。	【播放动画】	观看动画	利用多媒体画面,加强直观教学。
盛行风是推动海水大规模运动的主动力。此外,相邻海区之间海水密度分布不均匀也会产生海水的运动。刚才我们知道了促使海水运动的主要动力是盛行风(大气运动和近地面风带)	【教师点评】	听教师讲解	准备好讲解内容
(以下省略)	(以下省略)	(以下省略)	(以下省略)
教学流程图(略)			
七、教学评价设计			
通过课程中提问完成形成性评价			
八、帮助和总结			
利用多媒体教学,增加了直观性,学生兴趣更高,课后反映学习效果更好			

(完整的教学方案请参见本书配套光盘。)

案例分析

这个案例来自教学一线,崔老师在实际教学过程中运用他丰富的教学经验,在教学方案的设计中采用了理论联系实际的方法,开阔学生视野,促进学生的积极思维,使学生的综合理解能力得到提升,同时通过具体实例的说明,帮助学生树立正确的世界观,有效地实现了地理教学对学生情感态度价值观的培育,有利于学生的全面发展。

教学设计方案完成后,并不意味着教学设计过程的结束,还要对教学设计成果进行评价与修改。评价是修改的前提,是教学设计成果趋于完善的调控环节。教学设计成果评价分为形成性评价和总结性评价两种方式。

1. 形成性评价是指在某项活动过程中进行的评价。教学设计方案形成以后，在正式付诸实践之前，教师要对方案进行评估，可以通过在小范围内试行教学，也可以由其他教师、专家审议，根据试行教学的结果或专家审议意见，对教学设计方案进行修改完善。教学过程是教学设计方案付诸实施的过程，教学设计是对教学过程的事先准备，但是教学过程中充满了随机事件，出乎意料的情况时常发生，这就需要教师在教学过程中即时诊断问题的性质，并现场做出决策，这也是对教学设计成果的形成性评价与修改。

2. 总结性评价是指在某项活动完成之后进行的评价。教学过程结束以后，教师应该及时对教学过程中出现的问题、临场调整的效果以及之前教学设计过程中考虑不周或失误的地方做出总结，反思出现这些问题的原因，提出修改教学设计方案的计划。此外，教学进行完一段时间之后，对学习效果进行测试，即教学评价，根据评价得到的反馈信息，也需要对这段时间的教学设计方案做出评价与修改。

教师除了基于基本原理和科学流程对教学进行积极周密的规划和预设外，还需密切关注教学过程中“生成”的内容。因此，新课程教学设计既重视教学活动之前的“前设计”，又关注教学活动过程中基于交流和创生进行教学调整的“中设计”，更看好教学活动后的基于反思的“后设计”，可以理解为“设计—实施—反思—调整—再设计—再实施”的过程。

提示卡

通常教学设计可以分为两种类型：一种适合课堂教学，称为基于“教”的教学设计模式；另一种适合学生自主学习，称为基于“学”的教学设计模式。基于“教”的教学设计模式便于教师组织、管理和控制课堂教学过程，有利于教师主导作用的发挥，其不足之处是容易忽视学生的主动性，难以体现学生的认知主体作用；基于“学”的教学设计模式可以充分调动学生的主动性、创造性，有利于学生认知主体作用的体现，其不足之处则是容易忽视教师的主导作用。两种教学设计模式各有所长，而且优势刚好互补。如果将这两种教学设计模式恰当地结合起来，就可以为“既发挥教师主导作用，又充分体现学生认知主体作用”的新型教学模式的构建提供全面而坚实的理论基础。

活动建议

从随书配套光盘中的教学设计方案模板中选择一个你喜欢的模板，依据其内容提示撰写一份规范的教学设计方案，在与学习伙伴交换意见后尝试使用 Word 的修订与批注功能对自己的教学设计方案进行修改与完善。

思考与练习

一、名词解释

教学设计　学习风格　教学策略　单元教学设计

二、简答题

画出教学设计的一般模式图并列出逻辑关系。

第3章 高中地理多媒体素材准备

本章概要

根据媒体的不同属性，数字化教学资源基本上可分为文本、图像、音频、视频、动画等五种类型，每一种媒体都有其长处并对某种特定的课程内容和学习方式有效。多媒体素材是以多种方式传播教学信息的基本材料单元，是多媒体课件制作与开发的基本单元，本章将介绍五类多媒体素材的获取与加工。

知识结构图

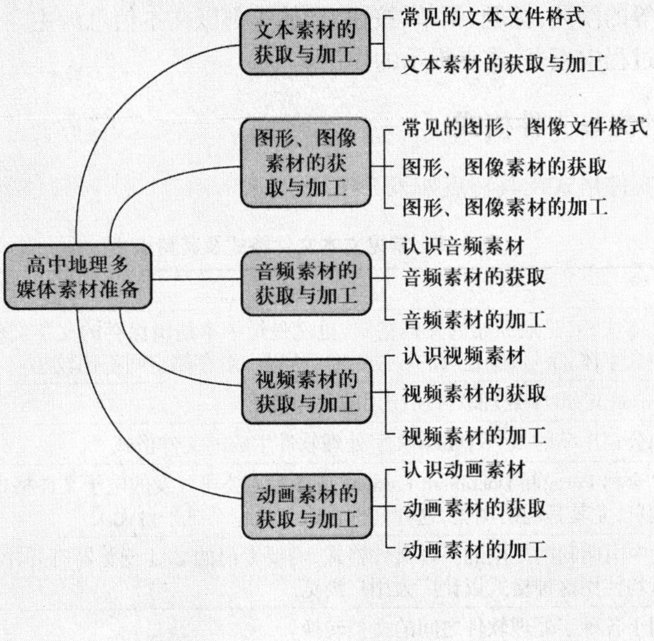

第一节 文本素材的获取与加工

学习目标

☆ 能阐述文本素材的收集方法
☆ 能够对所收集的文本素材进行加工与处理
☆ 能够针对高中地理课程的需要准备合适的文本素材

崔老师在讲授《大规模的海水运动》这节课时，发现学生在初中地理的学习中对这部分知识并没有涉及，高一学生的知识结构中没有世界表层洋流的内容基础。但是学生通过对课外知识阅读了解洋流这一地理现象的存在。

为了创设具有丰富信息资源的导课情景，激发学生多种感官，调动学生主观能动性，崔老师准备收集一些相关的素材应用到课堂教学中，然而在制作过程中，他却发现自己所搜集来的素材并不是都符合实际教学的需要。他该如何对其进行加工处理呢？

崔老师的问题具有一定的代表性，随着教师现代教育技术能力的不断提高，了解常用的多媒体素材的获取与加工方法，将有助于教师丰富并完善其课件的制作活动。一个成功的课件不仅要有优秀的课件脚本和结构设计，还必须有充足合适的配套素材。可见，素材的获取与加工是课件制作中重要的一环。

文本(Text)在多媒体素材中是最常用的。在高中地理教学中，文本可用于概念、定义、规则、习题、作业等的阐述，标题、菜单、按钮、导航等都以文本信息为主。文本在课件中起到相当于传统教学过程中板书、重点提示的作用。

一、常见的文本文件格式

常见的文本文件格式及其特点如表3-1所示：

表3-1 常见文本文件格式及其特点

格式	特点
TXT	纯文本文档，是最原始的文档格式，也就是记事本编辑保存的文本文件格式。.txt格式文件不包含字体、字号、颜色等的控制信息，所以一般存储空间都比较小
DOC	Microsoft Word字处理软件所使用的文件格式
WPS	金山公司出品的WPS Office文字处理软件生成的文件格式
PDF	PDF全称Portable Document Format，是Adobe公司开发的电子文件格式。常用于文档的交换与浏览，尤其是网络浏览，这种文件格式与操作系统平台无关
CAJ	CAJ中国期刊网提供的一种文件格式，需要专门的CAJ浏览器打开，网络上的许多电子图书文献均使用这种格式以让广大用户浏览
RTF	常用于各种字处理软件之间的文档转换

在文本素材搜集的时候，网络中下载的文件有可能是CAJ或PDF，为了编辑的方便，可以将其转化成可编辑的Word文档。

延伸拓展

如何将CAJ、PDF格式的文本转化为Word格式

一、CAJ文件的识别

方法一：

(1) 首先，从网上下载CAJ格式的资料文件保存到本地硬盘上。

(2) 然后，启动CAJViewer浏览器程序，并在该程序中打开刚才保存的CAJ格式的文件。浏览文件到最后一页后，不要关闭CAJ浏览器程序。

(3) 在CAJ浏览器程序窗口中，选择“文件”→“打印”，并选择打印机为Microsoft Office Document Image Writer打印机，勾选打印到文件选项和确定打印页数。

(4) 保存打印文件(*.prn)到适当位置。等待打印完成后，Microsoft Office Document Image自动打开刚才保存的打印文件。

(5) 在Microsoft Office Document Image窗口中，选择“页面”菜单中的“选择所有页面”菜单项，然后选择“工具”菜单中的“使用OCR识别文本”提取文本。

(6) 选择“工具”下的“将文本发送到Word”，最后将把整个CAJ文件识别输出到word文件中。

方法二：CAJ文件直接可以复制、粘贴获得，打开文件→工具→文本选择、选择图像→复制、粘贴就可以了。

方法三：首先，启动CAJViewer浏览器程序，用CAJViewer7.02打开刚才保存的CAJ格式的文件，然后在每页的左右两边分区域选取文字，再在选取区域内，单击右键“文字识别”，这时会出现“文字识别结果”对话框，单击“复制到剪贴板”或“发送到Word”，即可。不足：不能对整篇、整页文档进行识别。

二、PDF文件的识别

方法一：

(1) 以文本形式保存的PDF文件，用acrobat 5专业版，识别整个文件。直接打开从网上下载的PDF格式文件另存为RTF文件，或者选择工具栏上的文字选择按钮，然后选择文字区域，然后复制到Word中即可。

(2) 以图片形式保存的PDF文件，将PDF文件打印到Microsoft Office Document Image Writer打印机，选择打印形成的文件的保存位置，然后会自动形成一个MDI文件，并且自动用Microsoft Office Document Image打开此文件，然后在Microsoft Office Document Image中选择“工具”菜单中的“使用OCR识别文本”，识别完成后，在选择“工具”下的“将文本发送到Word”，最后将把整个PDF文件识别输出到word文件中。

(3) 加密的PDF文件先下载解密软件，解密后再参照上述步骤(1)，(2)进行。

(4) 繁体PDF文件用上述步骤(2)的方法识别到Word后，用Word中的“工具”→“语言”→“中文繁简转换”

方法二：Pdf和Word相互转化，可以下载一个转化软件即Solid Converter PDF 6.0 Build 669，直接转化也很方便。

方法三：打开文件→工具→基本工具→选择→选择文字复制、粘贴即可。

二、文本素材的获取与加工

课件的文本素材是根据教学需要编写的，多来源于教材、教案和参考书。对于手写的文本素材，可通过键盘输入、手写板写入或语音录入等技术获得；对于采用标准印刷体的资源，可利用扫描仪进行扫描和存储，并利用光学字符识别软件（OCR 软件）处理；如果文字量较大，可在一些电子书籍或互联网网页中采用复制、粘贴的方法获取，也可利用“保存网页”的方法将所需内容保存下来。

例如：崔老师在他的高中一年级上学期地理“大规模海水运动”这一课里，为了让学生通过课文的阅读来加深对知识的理解与记忆，将文字事先输入到 PPT 课件的某一页，且着重显示其中的知识点。在课堂上通过大屏幕的播放，再配合教师的适时解释，起到了纸质课本上文字无法达到的效果（图 3-1）。

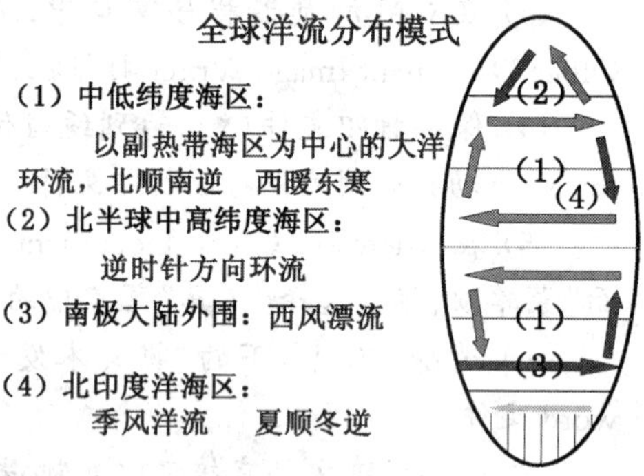

图 3-1 利用 PPT 呈现课文中重点词汇

文本素材的加工一般在文字处理软件中进行，如常用的 Microsoft Word、WPS 等软件。利用这些软件，能实现艺术字和变形文字等特殊效果。一些复杂的文字特效需要使用专门的工具来制作，如利用 Flash 和 Photoshop 等软件可将文字以图像的方式呈现。

提示卡

如果使用 Authorware 制作课件，可将文本在 Word 中最后保存为 RTF 格式，以便 Authorware 能够导入；若用 Frontpage 等软件制作网页式课件可在文件中选择另存为 Web 格式。特殊字体或艺术字可以用抓图工具抓取后进行图片化处理使用。

第二节 图形、图像素材的获取与加工

学习目标

☆ 列举图像素材资源的收集方法

☆ 学会利用软件加工与处理图像的技巧

如上节所述，崔老师在制作“大规模海水运动”这节课的 PPT 时，考虑到高一学生常对一些战争事件比较感兴趣，在导入新课时，选取了有关洋流对地理环境和人类活动产生影响的图片来吸引学生的注意力，提高学习兴趣，从而让学生们更容易理解教学内容。处理图片时，他利用绘图工具剪切了自己所需要的部分，制成图片集，加进了课件中。

在人的感觉器官中，视觉最为重要。达·芬奇曾说过：“距离感官最近的感觉反应最迅速，这就是视觉，所有感觉的首领。”人体接受的外部信息大约 70% 来自眼睛，而听觉、嗅觉、触觉等所获信息加起来只占 30%。可以说视觉形式的信息接受是人类最主要的信息来源。图形、图像是静态的视觉信息，也是学习者较易接收的信息表达方式，它所承载的信息量远远大于文本，是课件中极为重要的媒体素材。图形素材常产生于类似 FreeHand 或 Illustrator 的矢量绘图程序。图像则可来自很多渠道。

在地理教学中，图形、图像不仅能够调动学习者学习的积极性，也能使学习者对学习内容，尤其是平常不太了解的文化内容有一个感性的认识。

在“大规模海水运动”一课中，崔老师还找来了大量相关的图片（如图 3-2a 和 b），增强了学生的感性认识，对理解教材内容及相关课外知识非常有效。

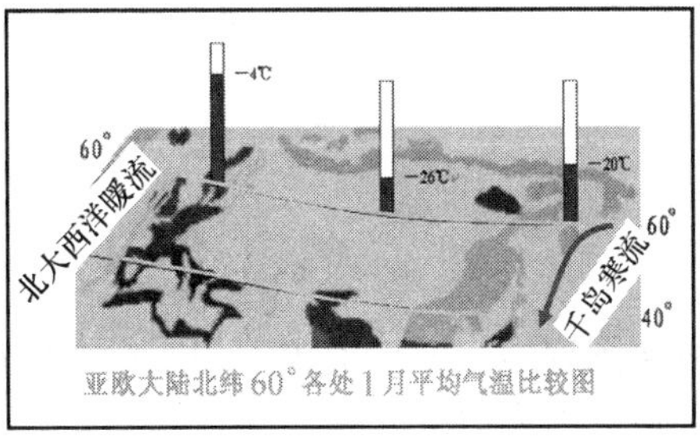

a 洋流对气候的影响

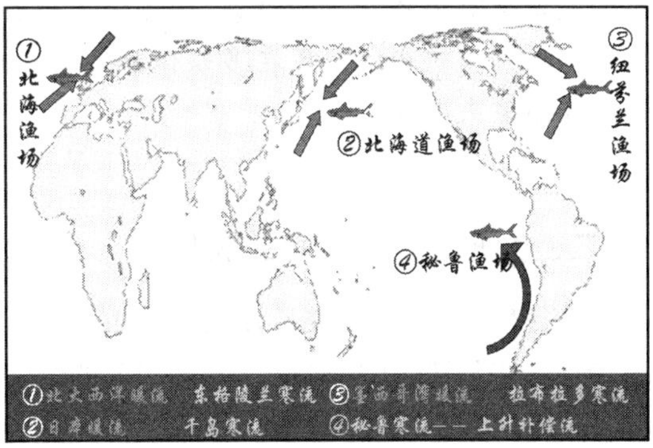

b 世界四大渔场分布

图 3-2　洋流的影响

一、常见的图形、图像文件格式

依据格式和特点不同，图形、图像分为矢量图和位图两大类。矢量图是由计算机绘制的直线、圆、矩形、曲线、图表等外部轮廓线条构成的，其优点是信息存储量小，在缩放过程中质量不会受影响，但是色彩比较单调。位图是由扫描仪、摄像机、数码相机等输入设备捕捉的实际画面场景产生的数字图像，优点是色彩自然、柔和，层次感强，可以真实地重现生活环境，缺点是图像文件存储量较大，在缩放过程中容易造成变形或产生锯齿。常见的图形、图像文件格式及其特点如表 3-2 所示：

表 3-2　常见图形 / 图像文件格式及其特点

类型	格式	特　点
图形	WMF	微软公司自定的矢量图格式，Office 剪辑库中的图形就是以这种格式保存的
	EMF	Windows 增强型图元文件格式
	CDR	CorelDraw 制作生成的 .cdr 文件
图像	BMP	标准图像文件格式，能够被多种 Windows 应用程序所支持。无压缩，不会丢失图像的任何细节，占用存储空间大
	JPG（JPEG）	一种常用的有损性压缩格式，占用存储空间小，适合应用于多媒体课件和网页图像
	GIF	颜色失真度较大，有动态和静态两种，支持透明背景图像，适用于多种操作系统，占用空间小，网上小动画多为 GIF 格式

延伸拓展

图形与图像的区别

图形是指由外部轮廓线条构成的矢量图，以数学方法描述的一种由几何元素组成的图形。在多媒体教学软件中，图形比较特殊。它是一种抽象化的形状，其承载的信息量较少，多是由计算机绘制的直线、圆、矩形、曲线、图表等。图形通常用于描述轮廓较简单，色彩较单一的对象，可任意缩放不失真亦不形变，而且所占数据量小，不占空间。

图像是由扫描仪、摄像机等输入设备捕捉实际的画面产生的数字图像，由像素点阵构成。它的色彩比较丰富，层次感强，可以真实地重现生活环境，其承载的信息量较大，通常用于表现含有大量细节的对象，但图像文件存储量往往比较大，而且在缩放过程中容易造成变形或产生锯齿。图像在多媒体教学软件中应用最多，从界面、背景到各种插图基本上都选择图像来表现。

二、图形、图像素材的获取

图形素材常产生于FreeHand或Illustrator等矢量绘图程序。教学资源中的图像按用途可分为背景图、按钮图、与教学内容相关的图。获取图像一般有以下几种方法：

（一）从素材光盘中获取

市场上有丰富的图像素材光盘，光盘中的插图、标志、纹理材质、风光照片均可在教学中使用。

（二）从教学资源库或电子书籍中获取

在学校常用的教学资源素材库或电子书籍中，均能找到相当一部分与教学内容相关的图像素材可加以充分利用。

（三）在互联网中获取

网络是一个巨大的资源库，充分利用网络可查找到大量相关的图片素材。如需要得到特定的信息，并且知道相应的标题或短语，则需要借助搜索引擎。在大多数情况下，搜索引擎是用来查找明确信息的最佳手段，比如已知的文档、短语、图片、音乐、影视或新闻等。下面是常用的两种搜索引擎。

谷歌（Google）：http://www.google.com.hk

百度：http://www.baidu.com

例如：用Google搜索引擎，见图3-3。

在搜索栏中输入关键字，如“carnival mask”单击“Google搜索”按钮及“图片”选项后，屏幕上就会出现各种有关嘉年华面具的各种图像，如图3-4所示。其中“1 600x1 600-276k-jpg”表示的是这个图像大小为1 600x1 600像素，276k表示此图占用的空间，jpg表示图片文件的格式。

选择好合适的图片后，点击缩略图进入含有源图片的真正网页，如果该网页上的文件符合要求，可以利用“右键→图片另存为”将其保存下来。如果这个图片是网页的背景则选择“背景另存为”即可。

图 3-3 利用 Google 搜索引擎搜索图片

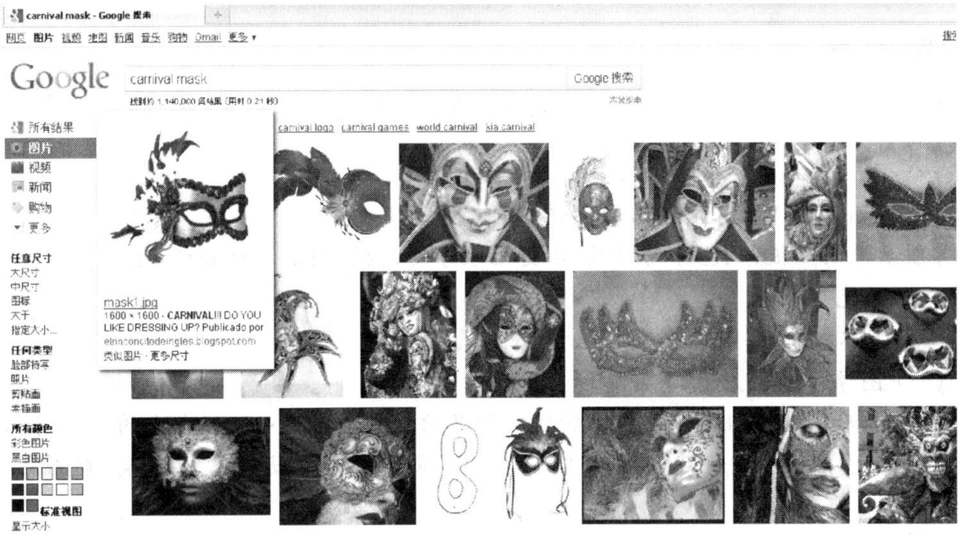

图 3-4 Google 搜索引擎的图片界面

（四）利用数码相机获取

利用数码相机直接拍摄是获得图像较为便捷的方法。随着数码产品价格的不断下降，数码相机也逐步进入到人们的学习、工作与日常生活中。教师可以用手中的数码相机或有此功能的移动通讯设备直接拍摄有用的资料，但要注意拍摄和他人有关的资料时，应征得被拍摄者的同意。

（五）利用扫描仪等设备获取

在传统教学中，课本、照片、杂志、宣传画、教学挂图是常见的承载图像的媒体，要想将这些图像输入计算机中供课件制作使用需要借助扫描仪。使用平板扫描仪在许多方面类似于使用复印机，有多种软件（如 Adobe Photoshop）均可调用扫描仪驱动程序获取图像信息。一般经过“预扫”、“确定扫描区域”、“正式扫描”、“保存扫描信息”四个步骤后，就可以得到扫描对象的数字图像信息。

（六）利用抓图软件在网页上获取

可以实现抓图的软件很多，常见的有 Screen Thief 屏幕大盗、Pzp、Getcap 画面狩猎者、

Agrab、Grabber、Dropview/Ip、Pcs 和 Snagit 等。这些抓图软件都可以很方便地捕捉图像。

此外，利用 QQ 聊天软件也可以实现截图功能，只需选择【截图工具】按钮或同时按下组合键“Ctrl+Alt+A”，在屏幕上选择目标区域即可。

三、图形、图像素材的加工

通过以上途径获得的图像，往往不能直接加以使用，需要教师针对自己的教学实际进行相应的处理。

图形 / 图像编辑软件很多，较专业的软件有 Photoshop、Fireworks、CorelDraw 等。Photoshop 是公认的最优秀的专业图像编辑软件之一。Photoshop 是美国 Adobe 公司开发的具有强大图像处理功能的平面设计软件，由于其悠久的历史、良好的平台兼容性、强大的图像处理功能受到广大用户的欢迎，在图像处理领域一直保持领先地位。

自主阅读

Photoshop CS 界面及基本概念

一、Photoshop CS 界面介绍

Photoshop CS3 的工作界面由标题栏、菜单栏、工具箱、工作区和面板（如工具选项面板、导航器浮动面板、颜色浮动面板、历史记录浮动面板、图层浮动面板）等组成。详细介绍参见配套光盘。

二、基本概念

（一）图像分辨率

图像分辨率是指组成一副图像的像素密度的度量方法。对同样大小的一幅图，如果组成该图的图像像素数目越多，则图像的分辨率越高，看起来就越逼真；相反，则图像显得越粗糙。

（二）亮度

亮度是指图像彩色所引起的人眼睛对明暗程度的感觉。亮度为零即为黑，最大亮度是色彩最鲜明的状态。

（三）饱和度

饱和度代表色彩的纯度，为零时即为灰色。白、黑和其他灰度色彩都没有饱和度。最大饱和度时是每一色相最纯的色光。对于同一色调的彩色光，饱和度越高，说明它的颜色越深，如深红比浅红的饱和度要高。

（四）色调

色调是指光所呈现的颜色，如红、绿、黄等彩色图像的色调决定于在光照射下所反射的光的颜色。

（五）色度

色度是指色调和饱和度，表示光颜色的类别与深浅的程度。

（六）对比度

对比度指图像中的明暗变化，或指亮度大小的差别。

在图像素材编辑中，一般会对图片进行如下处理：

（1）裁切：删除图像中不需要的部分。

（2）旋转：对整个图像进行规则旋转，例如，180°旋转、90°顺时针和逆时针旋转、垂直和水平翻转等。

（3）调整大小：按绝对尺寸（长宽的像素值）或相对尺寸（相对于原图的百分比）来放大或缩小图像。

（4）调整色彩：主要是调整图像的显示效果，对于质量较差的原图特别重要。最简单的是调整对比度和亮度，复杂的还要调整曲线、色阶、色彩平衡、色相、饱和度等。

初学者如果没有掌握 Photoshop 的使用，用 Windows 自带的附件中的画图软件也能对图像进行处理达到教学的要求。崔老师在他的课件制作中就利用了画图工具对他下载的图像文件作了如下处理：

（一）开始

点击 Windows 菜单【开始】→【程序】→【附件】→【画图软件】，打开画图板。

（二）调整图像的大小

第一步：点击【文件】→【打开】，在文件夹中选择要编辑的图片（图 3-5）。

第二步：点击【图像】→【拉伸 / 扭曲】，在对话框“拉伸”选项中输入 < 100 的数，则图像将按比例缩小（输入 > 100 的数，则图像将按比例扩大）（图 3-6）。

图 3-5　选择图片

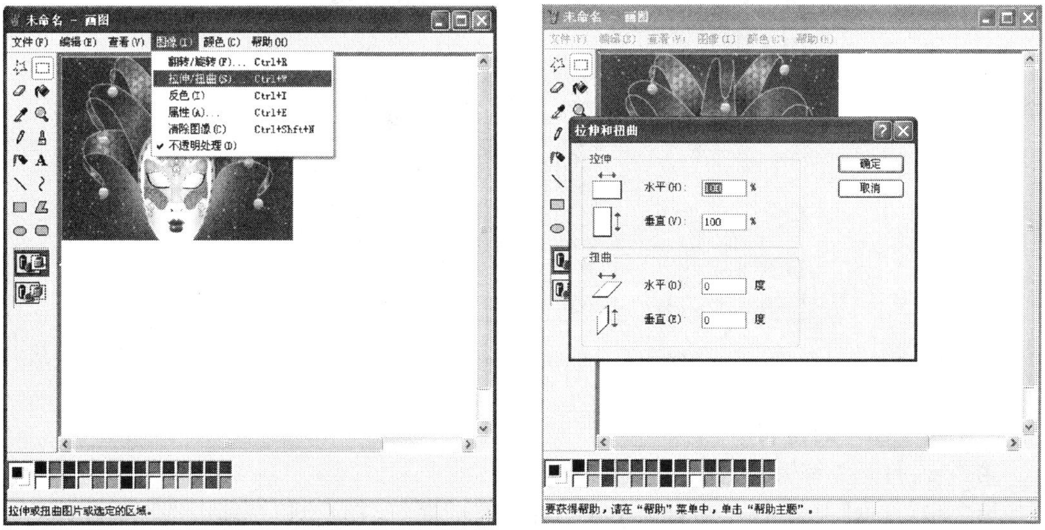

a　　b

图 3-6　图像拉伸

(三) 剪切部分图像

第一步:选择绘图面板的选择工具,在图片中选择要切割的区域。

第二步:点击所选区域,将其移动到画布左上角(图3–7)。

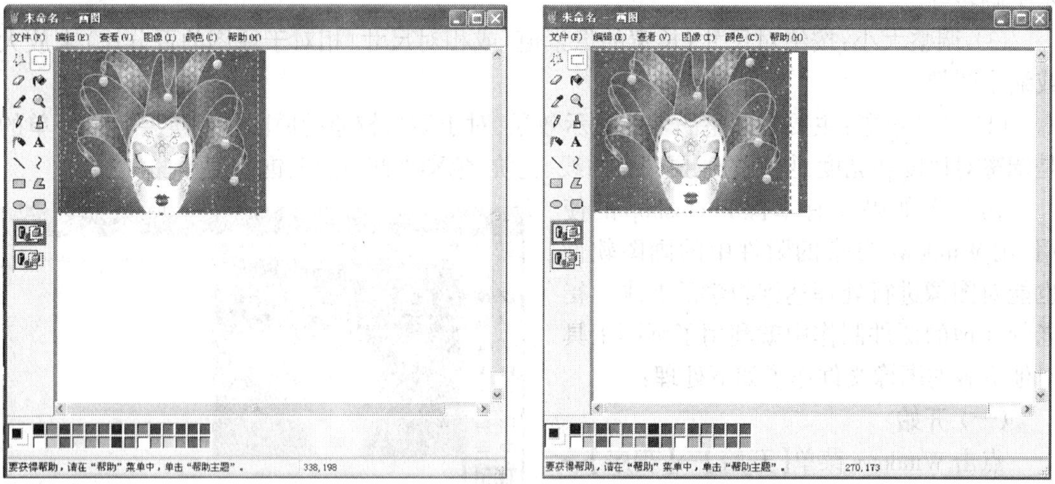

a　　　　　　　　b

图3–7　剪切图像

第三步:点击右下角小正方形,调整区域大小,完成剪切,保存图像(图3–8)。

图3–8　调整所选区域完成剪切

(四) 调整图片的格式

第一步:打开要编辑的图片。

第二步:点击【文件】→【另存为】,在另存为对话框"保存类型"选项中选择要保存的格式,点击保存按钮保存,即可完成格式转化(图3–9)。

a　　　　　　　　　　b

图 3-9　调整保存图片格式

提示卡

光盘中提供了 Photoshop 的视频教程，如需要对图像进行一些更为复杂的处理可参照学习。

活动建议

请您下载一张地理教学所需图片，按照“调整图像的大小”、“截取图像的一部分”、“提高或降低图片的分辨率”、“利用画图工具改变色彩”的顺序对该图片进行简单处理，直到完全掌握上述技能。

____

____

____

第三节　音频素材的获取与加工

学习目标

☆ 掌握音频素材资源的收集方法

☆ 能够利用音频处理软件加工与处理音频素材

崔老师在讲授“地球运动的地理意义”这一课中，选取并加工了一段时长为一分半钟的地理英文原文的音频。虽然准备这些素材花了很多时间，但获得了较好的课堂教学效果，这使他感到很欣慰。

崔老师的备课阶段考虑到了音频素材的优势，并对多媒体素材进行了适当的加工与处理，可使学生在课堂上既对教学目标有了更深的理解，又培养了学生的地理思维。

在地理教学中，除了文本、图形、图像外，还可合理地将音频素材运用到多媒体课件中，如恰到好处的音乐烘托、突出重点内容的音效，不仅能更好地表现教学内容，还能吸引学生的有效注意，增强其学习兴趣。

一、认识音频素材

音频属于过程性信息，有利于限定和解释画面。在教学中利用音频传递教学信息，是调动学习者使用听觉接受知识的必要前提。不仅可以吸引学习者，保持注意力，还可以补充视觉信息。

在多媒体课件中的声音信息主要有三大类型：解说、音乐和音效。解说是一种解释说明事物、事理的表述法，标准的解说可以起到给出引导，补充视觉信息不足的作用。音乐在大多数课件中主要是为了烘托气氛、渲染主题，也叫做背景音乐。音效就是声音效果，比如心跳、呼吸、金属撞击声等，它们主要是表现真实感和增强气氛，对揭示事物的本质、扩大画面的表现力、增强画面的层次感和空间感都具有十分重要的作用。这三种声音相互配合，产生富有立体感的听觉效果，使画面内容或主体思想得到烘托和渲染，有利于集中学习者的注意力、陶冶学习者的情操、激发学习者学习的潜力。

常用音频文件格式及说明，如表 3–3 所示。

表 3–3 音频文件格式及说明

媒体类型	扩展名	说　明
声音	.wav	标准 Windows 声音文件
	.mid	乐器数字接口的音乐文件
	.mp3	MPEG–3 声音文件
	.aif	Macintosh 平台的声音文件
	.wma	Windows Media Player 文件
	.vqf	最新的 NTT 开发的声音文件，比 mp3 的压缩比还高

二、音频素材的获取

对于音频资源的获取，可以有以下几种途径：

1. 从专业的音效素材光盘或 MP3 素材中获取背景音乐和效果音乐；

2. 从教学资源库中可查找到小学、初中、高中教材的大多数内容；

3. 在网上通过输入关键字查找。例如，使用百度搜索，需要选择“MP3”进行音频搜索，如图 3–10 所示；如使用谷歌，则选择“音乐”搜索，如图 3–11 所示；

4. 从 CD、VCD 中获取，CD、VCD 可以从超级解霸的音频播放器播放，选择压缩为 MP3 格式，再根据需要决定是否转为其他格式；

5. 从现有的录音带中获取，方法是用音频线从录音机线路输出，再从声卡的线路输入

图 3-10　百度“MP3”搜索

图 3-11　谷歌“音乐”搜索

口输入，然后设置成线路输入录音，最后打开附件中的录音机进行录音，再保存在相应位置；

6. 利用 Windows 操作系统自带的“录音机”软件进行原创。

延伸拓展

如何利用 Windows 操作系统自带的“录音机”软件进行原创？

首先将麦克风插入声卡的麦克风（MIC）插口，双击 Windows 任务栏右边的小喇叭图标，弹出“音量控制”对话窗口，如图 3-12，单击【选项】→【属性】，在弹出的“属性”窗口中，如图 3-13，选中“麦克风”和“波形输出混音”两种选项，单击确定。在弹出的“录音控制”对话框中勾选“麦克风”下方的“选择”复选框，如图 3-14。

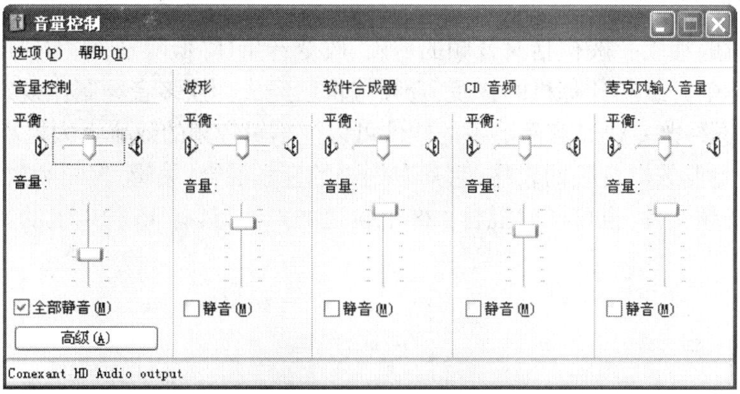

图 3-12　音量控制属性窗口

单击任务栏上的【开始】→【程序】→【附件】→【娱乐】→【录音机】，打开录音机程序，如图 3-15 所示。单击录音机程序上的“录音按钮”，此时即可通过麦克风进行录音。完毕后，单击“停止按钮”即可结束录音。要保存录制好的声音文件，只需单击【文件】→【保存】即可。

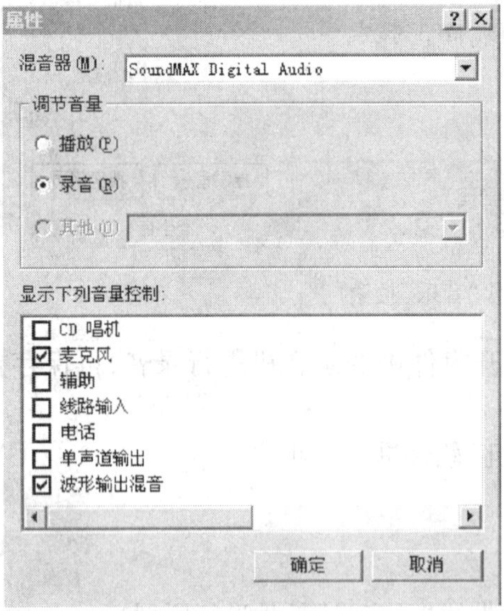

图 3-13 音量控制属性窗口

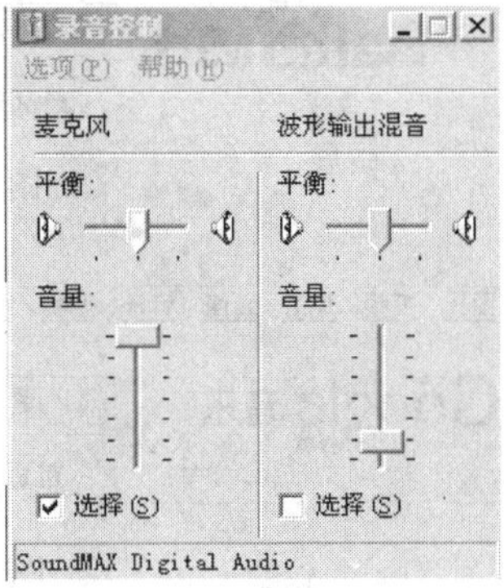

图 3-14 选中麦克风选项

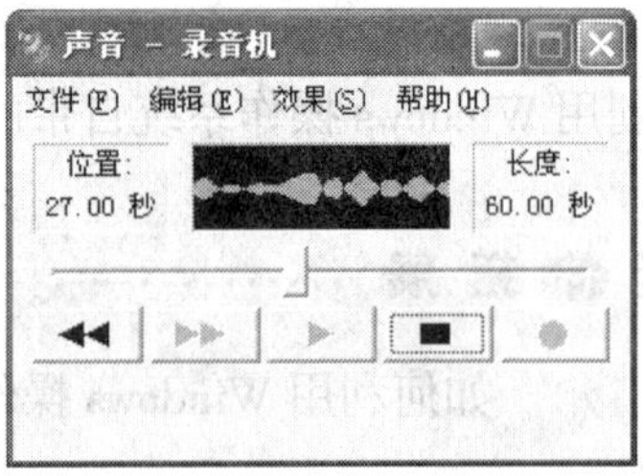

图 3-15 Windows 系统自带的录音机

三、音频素材的加工

音频类素材的加工一般包括对音频的剪辑、改变音量、降低噪音、添加回声等。随着计算机软硬件的不断升级和计算机的普及,音频编辑已经成为众多音频制作爱好者能够轻易完成的任务,而选择既专业又容易上手的软件可以使编辑音频的效率大大提高。例如,Cool Edit Pro 是一个专业编辑音频的软件,它具有先进的音频混合、编辑、控制和效果处理功能,可以编辑单个音频文件,也可同时混合 128 个轨道的声音,具有 45 种以上的数字信号处理效果。

自主阅读

如何利用 Cool Edit 对音频素材进行加工与管理

一、录音

1. 打开 Cool Edit 主界面,如图 3-16 所示。

2. 选中一条音轨,点亮"R",单击控制面板中的"录音键",可以录音,且录制在点亮的"R"所处的音轨上。

3. 单击【停止】按钮完成录音。

4. 单击多轨与单轨切换的按钮,切换到单轨状态。

5. 单击【文件】→【另存为】菜单,根据需要保存适当的格式,如".wav"、".mp3"等。

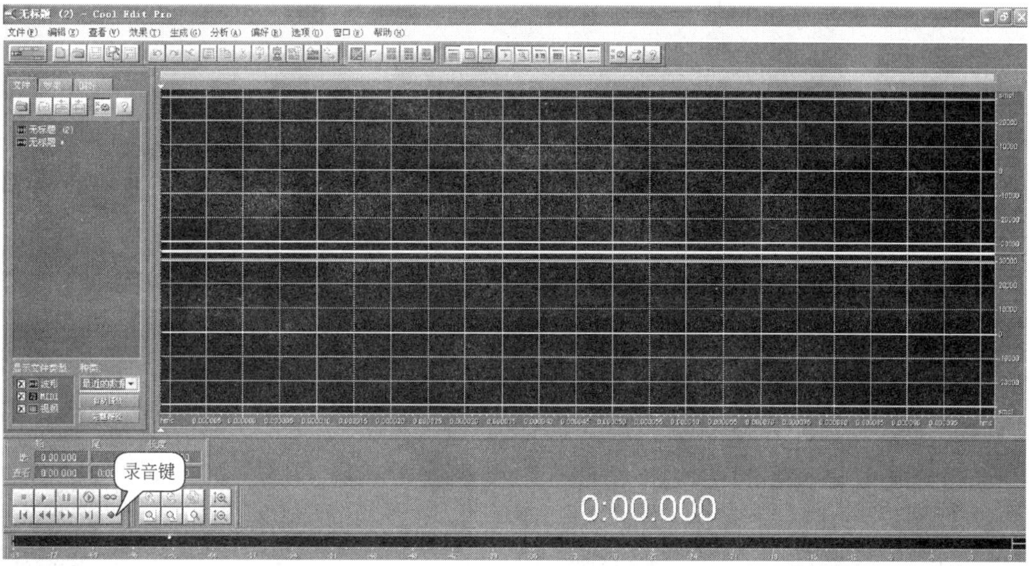

图 3-16　Cool Edit 主界面

二、音频格式转换

如果格式是“.wav”，则音频文件的容量较大，难于传播，Cool Edit 可将此类文件压缩为“.mp3”格式：

1. 用 Cool Edit 打开想要转换的文件。

2. 在单轨状态下执行【文件】→【另存为】命令，选择保存为“.mp3”格式，命名文件，选择保存的路径，然后单击【保存】按钮，即可将文件转换成想要的“.mp3”格式，如图 3-17 所示。

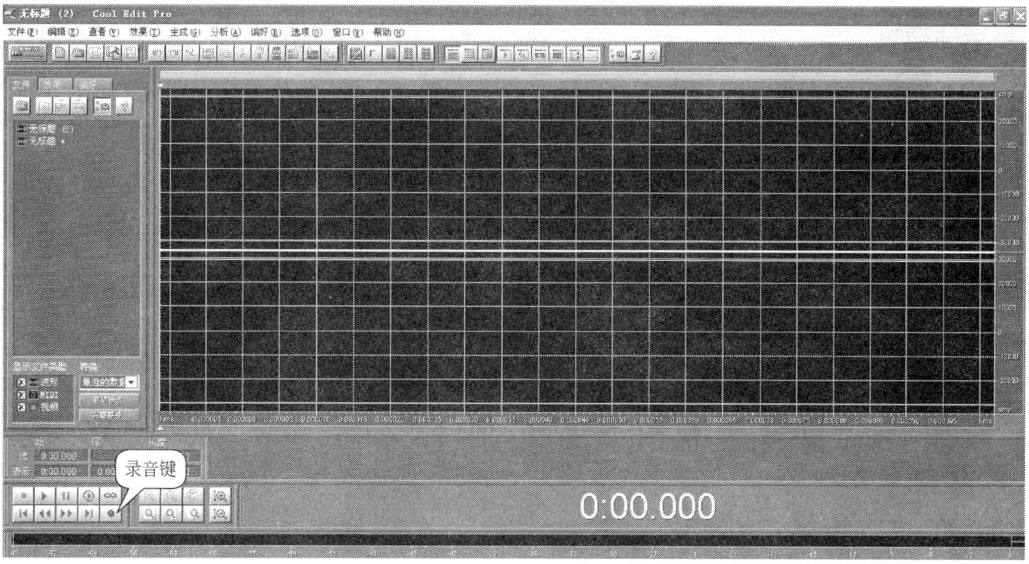

图 3-17　格式转换

三、音频文件剪切

1. 用 Cool Edit 打开要编辑的文件。

2. 在时间轴上找到开始剪切的时间点，拖动鼠标至结束点，选中剪切部分，此时选中部分的内容颜色变深。

3. 执行【编辑】→【剪切】命令（或在选中部分的音轨上单击右键，选择“剪切”），如图3–18所示，则此时选中的声音段已被剪切。

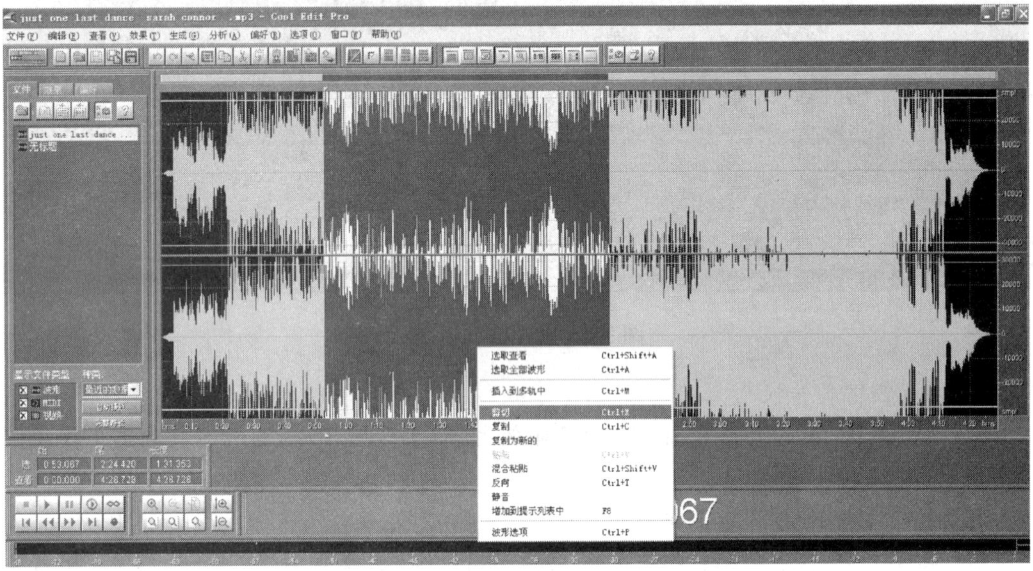

图3–18 音频文件剪切

活动建议

利用互联网搜索合适的地理教学片所需的音乐类素材，并制作成背景音乐；使用合适的录音机功能自制一段地理教学片配音，在原创音频素材中体验音频技术的应用。

第四节 视频素材的获取与加工

学习目标

☆ 掌握视频素材资源的收集方法

☆ 能够利用视频软件加工与处理视频素材

面对平日学习紧张的高中生，如何将教学内容设计得生动形象以充分调动他们的学习积极性，激发求知欲望，拓展知识面，是摆在每个教师面前的难题。崔老师在地理教学课堂中成功运用了相关视频资源，生动形象的视频信息极大地提高了学生的学习兴趣，有效地集中了学生的注意力，活跃了课堂气氛，学习效率得到显著提高。

一、认识视频素材

视频是由一帧帧图像高速连续播放而形成的，它利用了人眼视觉暂留的特点形成影像。对于人眼来说，若每秒播放 24 帧到 30 帧，就会产生平滑和连续的画面效果。视频具有表现事物细节的能力，适宜呈现学习者感觉较陌生的事物。它的信息量较大，具有更强的感染力。通常情况下，视频采用声像复合格式，即在呈现事物影像时伴有解说或背景音乐。当然，视频在呈现丰富色彩画面的同时也可能传递大量的无关信息，如果不加鉴别筛选，便会成为影响学习者学习的干扰因素。

自主阅读

常见视频格式

视频素材是视频信号经过数字化处理的文件，它往往带有伴音，也有用计算机动画技术生成的影像文件。不同格式的文件可使用超级解霸、会声会影等软件进行相互转化以适应不同的需要。在视频资源中，有一般的视频格式，如 AVI、MPG、DAT 格式等，也有流媒体文件格式，如微软公司的 WMV 和 RealNetworks 公司的 RM、RMVB 格式等。此外，网络中还流行一种 FLV 格式的视频资源。

1. AVI 格式：是微软公司开发的一种电影文件格式，其影像部分有不同的颜色值和图像尺寸，声音的采样频率也有多种，是一种占用磁盘空间较多的格式。

2. MOV 格式：它是苹果公司开发的一种电影文件格式，其播放软件是 QuickTime Player，也是一种占用磁盘空间较大的格式。

3. MPG/MPEG 格式：这是经过压缩的电影格式，由 AVI 格式转换成此后占用的磁盘空间将减少数倍，是目前使用较为普遍的数字影片。

4. DAT 格式：是 VCD 影碟的数据文件格式，效果与 AVI 格式或 MOV 格式视频相差无几。由于有 CD 音频的伴音，所以整体的观看效果比 AVI 或者 MOV 格式视频略好一些。

5. RM 格式：是 Real Networks 公司制定的网上在线播放文件标准，是一种流式视频媒体文件格式，其文件体积比其他视频文件要小，可以实现网上实时收听和收看的电视节目，其常用的播放软件是 Real Player。

6. FLV 格式：是 Macromedia 公司开发的属于自己的流媒体视频格式。FLV 流媒体格式是一种新的视频格式，由于它形成的文件极小、加载速度极快，这就使得网络观看视频文件成为可能，FLV 视频格式的出现有效地解决了视频文件导入 Flash 后生成的 SWF 格式文件体积过大，不能在网络上很好地使用等缺点。目前国内外主流的视频网站如土豆，优酷等都使用 FLV 格式的视频在线观看。

二、视频素材的获取

视频(Video)资源主要从资源库、电子书籍、课件及录像片、VCD/DVD 中获取。资源库、电子书籍中的视频资料可以直接调用;课件中的视频文件一般也放在格式为“.exe”的可执行文件中,可直接调用。视频文件获取的最可靠方法是使用采集卡进行采集,最方便的方法是利用“超级解霸”等软件获取。

教师亦可使用数字录像机(DV)、数码相机等设备将教学过程录像,然后直接将这些录像获得的视频文件保存在计算机上,供教学使用。对于老式的模拟录像带,则需要经过较为专业的处理(例如通过视频采集卡),才能转换为计算机中的视频文件,使用相应的播放器播放;也可将网络上搜索到的视频文件下载保存,供以后使用。使用百度和谷歌进行视频搜索时,需要选择“视频”选项。

活动建议

以高中二年级必修课“地理环境与区域发展”为研究课题,在百度和谷歌上尝试视频资源的搜索。要求搜索两个以上适合课上学生观看的视频资源。

三、视频素材的加工

视频素材的加工处理主要有三个方面:一是对视频进行部分截取;二是把多个视频素材连接在一起;三是进行文件格式的转换。

如果获取的视频资源不符合教学要求,还需要对这些视频进行加工,如果只是进行简单的剪辑处理则使用超级解霸即可,如图 3-19。例如,用超级解霸截取视频中的片段,操作步骤如下:

1. 运行超级解霸,播放视频资源。
2. 确定需要截取一段视频片段,选中工具栏上的循环钮,并选择起始点和终止点。
3. 按下 MPG 钮,超级解霸就会弹出保存文件对话框。
4. 输入文件名,并点击【保存】按钮即可把当前区域保存为 MPG 文件。

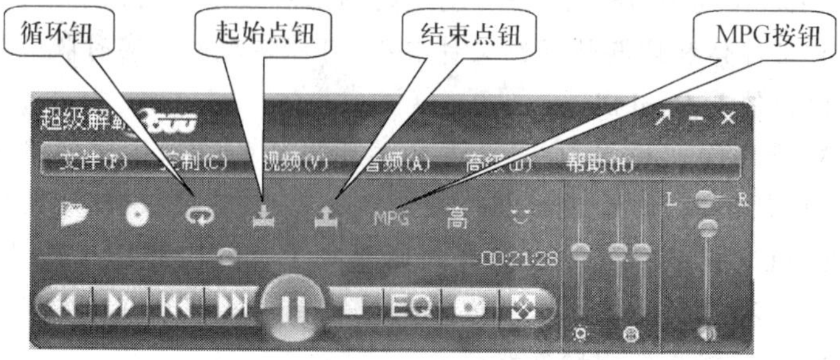

图 3-19 超级解霸截取视频片段

提示卡

使用超级解霸中的常用工具，可以把 MPG 文件转换为 AVI 文件，或把 AVI 文件转换为 MPG 文件，MPG 转换 GIF 文件，还可以把多个 MPG 文件合并为一个 MPG 文件。

延伸拓展

Adobe Premiere 软件是一款专业视频编辑工具。几乎可以获取和编辑任何格式的视频，并输出到录像带、DVD 和 Web。用户可以在轨道中添加、移动、删除和编辑视频片段，如图 3-20 所示。

图 3-20 Adobe Premiere 软件操作主界面

反思总结

视频资源集影音、图画于一体，信息量大，内容丰富，在教学过程中发挥了非常重要的作用。但视频资源并不能完全代替教师教学，在课堂教学中的使用量应该控制在一定的范围内。请您结合实际教学情况，思考视频资源在课堂教学中的哪些环节发挥了作用？起到了什么作用？占本节课时间的百分比？使用时，应该注意哪些问题？填写下表 3-4。

表 3-4 视频资源利用说明表

视频使用环节	占本节时间百分比	发挥作用	注意问题

第五节 动画素材的获取与加工

学习目标
☆ 掌握动画素材资源的收集方法
☆ 能够利用相关软件加工与处理动画素材

赵老师是一名乐于接受新事物的青年教师,他善于利用网络搜索不同的教学资源配合教学。在讲授"月相的变化"时,赵老师发现教学内容有些抽象,不利于学生理解月相是如何发展变化的。通过搜索,赵老师找到了一个适合的动画短片"月相变化"(http://www.landong.com/p_kj_305679.htm),该短片生动、准确地展现了地月之间互动过程中朔、望、上弦月、下弦月等概念,使抽象的知识变得容易理解。赵老师运用二维动画的教学方式极大地激发了学生的学习欲望,教学效果也得到明显提升。

一、认识动画素材

动画是对事物运动、变化过程的模拟,是一种可感觉到相对时间、位置、方向和速度运动的动态媒体。它忽略了事物运动、变化过程中的次要因素,突出强化了主要因素,有利于学习者把握本质规律。经过创造设计的动画更加生动、有趣,有利于激发学习者学习的兴趣和积极性。在高中地理教学过程中,常使用动画,对事物运动、变化过程进行生动的模拟,以此来调动学生的学习积极性。常用的动画素材文件格式及说明如表 3-5 所示。

表 3-5 动画文件格式及说明

媒体类型	扩展名	说　明
动画	.gif	图形交换格式文件
	.flc(fli)	AutoDesk 的 Animator 文件
	.avi	Windows 音频 / 视频隔行扫描文件
	.swf	Macromedia 的 Flash 动画文件
	.mov	QuickTime 的动画文件

二、动画素材的获取

（一）专业网站素材下载

动画素材可以从光盘资源库或是互联网上获取，也可以自己制作，但后者要求较高，不适于在高中地理教师中推广。目前有一些专门的网站提供大量的动画素材，可供地理教学师生使用。

延伸拓展

使用专业网站和资源网站进行搜索

通过搜索教育教学专业网站和资源网站，可以最高效地找到教学资源和素材。目前，互联网上的中小学各个学科都有成百上千的教学资源网站，既包括教育门户网，又包括各学科资源网、教学网、专题网站等，其中蕴含着大量的、适切的、高质量的教学资源，如以下几个地理教学资源网站。

中国国家地理网：http://www.dili360.com/

地理教学网：http://www.dilijx.cn/

地理教育教学网：http://www.djz.edu.my/kecheng/dili/dili-main.htm

高中地理教学资源网：http://www.jb1000.com/

高中地理辅导网：http://www.dilifudao.com/

（二）网页动画的下载

如果在浏览网页的过程中遇到好的 Flash，可以利用迅雷或 Flash Saver 下载。只要把鼠标放在动画上，就会出现下载提示，即可轻松下载。

（三）自制动画

如果在网上找不到合适的动画那么可以尝试自己动手进行制作，这就需要借助专业的动画制作软件。利用 Flash MX 可以制作 Flash 动画，利用 Adobe ImageReady 软件制作 GIF 动画。

前面已经介绍了五种素材资源的收集方法，在教学实践中，伴随着教师教龄的增长，素材资源也会越来越多。这就面临着合理管理资源的问题，应采用科学的方法来存放资源，以便日后快速查找。

自主阅读

管理教学资源的方法和技巧

在 Windows 系统的“资源管理器”中，文件夹的树状层次结构能够有效地对文件进行组织和管理；这样的管理层次分明，便于归类。以下是管理文件资源的一些技巧：

1. 控制每个文件夹中的资源数目。一般一个文件夹中包含小于五十个的文件比较容易浏览和检索；文件太多会影响浏览与打开的速度。

2. 控制目录结构的级数。文件夹级数越多，检索与浏览效率则越低，最好在三级之内。

3. 文件或文件夹统一命名。为了查找方便,最好为所有的文件和文件夹使用统一的命名规则,并使名称具有实际意义。

4. 利用计算机的管理、搜索工具来检索文件。

活动建议

按照上述管理教学资源的方法,为您的教学素材资料创建合理的文件夹结构,保证管理的科学性与有效性。

三、动画素材的加工

对于二维动画来说,可利用 Flash 修改、开发动画。Flash 是美国 Adobe 公司推出的优秀动画设计软件(前身是 Macromedia 公司,现已被 Adobe 公司收购),目前已有 Adobe Flash CS5 动画设计软件问世。通过 Flash 软件,可以实现对象的缩放、旋转、变色、淡入淡出、形变、运动和交互等动画效果。更多关于 Flash 的使用请参见随书光盘。

活动建议

请您搜索和下载关于"宇宙中的地球"(或其他自定义的主题)的图片、音频、视频和动画,并填写下表。在素材收集的过程中,出现哪些问题以及解决办法有哪些?请自己建一个文件夹,分层级将所收集素材(包括网页)保存下来并填写下表 3-6。

表 3-6 素材资源统计表

素材类型	格式	搜索方法及工具	下载方法及工具	文件大小	下载时间
图片					
音频					
视频					
动画					

反思总结

哪些媒体素材是您在高中地理教学中经常采用的?如何获得?获得之后是直接使用还是进行加工处理?采用何种方法加工?请记录您的使用体会。

____。

思考与练习

一、名词解释

多媒体

二、简述题

1. 各种媒体素材资源的特点。
2. 针对新课标，在地理教学中如何充分利用各种媒体的优势。

第4章 高中地理多媒体课件制作

本章概要

随着教育信息化进程的推进，教师在课堂上使用多媒体课件教学逐渐普及。课件已成为改革传统教学模式，提高教学效率的一种有效的教学手段。本章首先介绍多媒体课件的基本概念，重点介绍了多媒体课件的设计与制作过程及常用的课件制作软件。

知识结构图

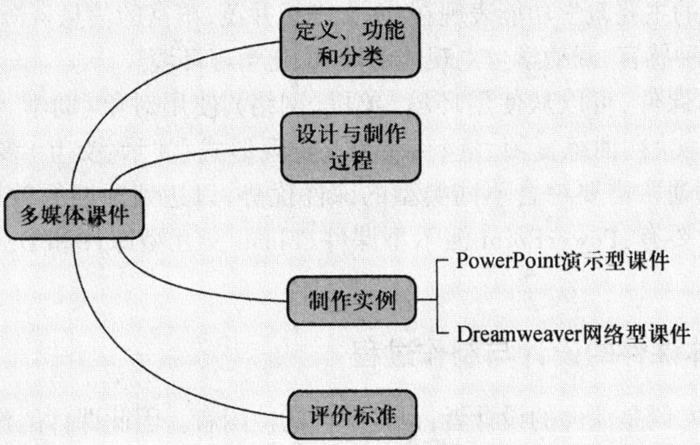

第一节 多媒体课件概述

学习目标

☆ 阐述多媒体课件的类型和教学功能
☆ 举例说明多媒体课件的设计与制作过程
☆ 能够根据教学需求编写出课件的文字脚本和制作脚本

崔老师是一位有着二十几年教龄的高中地理教师，有着丰富的教学经验。对教学中存在的难点、重点，崔老师一直努力尝试不同的教学方法，形成了一套系统的教学模式。但是，在崔老师心中存在着一些困惑，有些教学内容始终无法取得良好的教学效果。随着信息技术的发展，教学环境发生了改变，多媒体计算机、电子白板、计算机网络教室等现代化设备相继进入学校。崔老师经过省市、学校的相关培训逐渐认识了这些新媒体、新技术，信息化教学环境的各种优势，这让崔老师发现了解决困惑的曙光，愈发意识到通过新媒体和新技术的支持很容易取得良好的教学效果。

一、什么是多媒体课件

"多媒体课件是以现代教学思想为指导，以计算机、多媒体和通讯技术为支撑，具备一定教学功能的，以学习者为中心的多媒体计算机辅助教学软件。"（李克东，2002年）

多媒体课件的主要教学功能表现在：图文声像并茂、丰富的信息资源、有好的交互环境，能够激发学生多种感官、调动学生主观能动性、优化学习环境。

对于多媒体课件，可以从使用环境（单机、网络）、使用对象（助学、助教）、内容与作用（课堂演示、模拟实验、训练复习、资料、工具）、表现形式（演示、交互）多个角度进行分类。一个优秀的课件通常需要综合不同类型的课件优势，以达到预期的教学效果。目前常用的多媒体课件主要有：PowerPoint 演示型课件、Flash 交互型课件和 Dream weaver 网络型课件。

二、多媒体课件的设计与制作过程

学科教师通常既是课件的设计者，也是课件的使用者。因此课件的设计开发过程，就是课件的设计者把自己对于教学的想法，包括教学目的、教学内容、教学策略、控制方法等用计算机程序进行描述，经过调试成为可以运行的程序。总之，多媒体课件的制作是一个艰苦的创作过程，课件开发过程如图4-1所示。

（一）选择教学课题，确定教学目标

在高中地理学科中，所有主题均可实施多媒体辅助教学。但是课件的选题应该着重教学活动中的重点和难点内容，这些知识点使用传统的方式往往难以表达清楚。对于那些常规教学方法就能达到教学目的的教学内容（比如：城乡规划、自然灾害），则没有必要使用计算机多媒体进行辅助教学。相反，宏观和微观世界（宇宙、原子）、课程内容比较抽象、难以理解（太阳的圈层结构、时区划分），教师用语言不易描述（地球的公转自转、自然地理环境中的物质运动和能量转换),某些规律难以捕捉(气压带、风带的分布规律、洋流分布规律)等,在条件允许的情况下都可以实施必要的计算机辅助教学。

(二) 设计教学设计及课件总体风格

1. 教学设计

在多媒体教学课件的设计与制作中,教学设计是关键环节,是教学思想的具体体现。设计者应根据教学目标、教学内容和学习对象的特点,分析教学中的问题和需求,确定课件解决问题的有效步骤,合理地选择和组织教学媒体和教学方法,根据教学媒体设计适当的教学环境,安排教学信息与评价的内容及方式,以及人机交互的方式等。

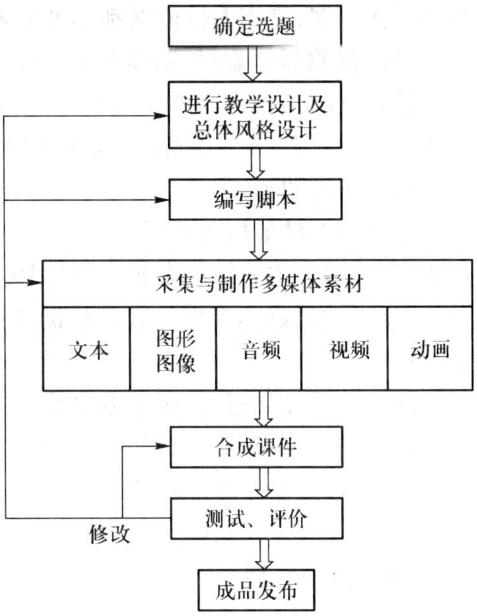

图 4–1 多媒体课件开发流程图

任何类型的课件都是教学内容和教学策略两大信息的有机结合,因而课件设计中的教学策略制定首先主要根据已确定的教学目标和教学内容,选择多媒体课件中使用的教学方法,即选择多媒体课件类型。例如:如果教学目标是传授概念、规则、原理等,宜采用课堂演示型;如果教学目标是培养学生解决某类问题的能力,则可采用模拟实验型或训练复习型。其次考虑学生的特征,根据心理学家皮亚杰的认知发展理论,高中阶段的学生适合选择自主学习型和资料、工具型。

2. 课件总体风格设计

课件总体风格是从课件的整体上呈现出的代表性特点,是由特定的教学内容与表现形式相统一所形成的一种表征。影响课件总体风格的因素主要有课件的类型(课堂演示型、游戏型等)、课件的内容(文科、理科、艺术类等)、课件的结构、色彩基调等。课件总体风格设计包括界面内容设计、界面结构设计、色彩运用和课件层次结构等方面。

(三) 编写课件脚本

脚本是对多媒体课件设计阶段的结果进行描述的工具。课件的脚本设计类似影视剧的“编剧”,包括课件内容如何安排、声音如何表现和搭配、是否需要加入动画或视频、加在什么地方、课件如何与学习者交互等。可以说,脚本设计是整个课件制作的核心。专业的课件制作脚本通常分为两种:一种是文字脚本,另一种是制作脚本。

文字脚本由教师根据教学要求对课件所要表达的内容进行文字描述,可以包括教学目标、教学内容和教学单元、教学重点难点、媒体和素材选择、教学对象、教学模式等,一般由学科教师完成。一般的文字脚本包含以下几个内容:课件名称、教学目标、重点难点、教学进程、教学流程、媒体运用、课件类型、使用时机。

制作脚本是在文字脚本基础上编写的,类似于影视拍摄的“分镜头脚本”,将文字脚本设计成适合计算机网络媒体表现的形式,如交互界面、媒体表现形式、内容呈现顺序、效果和导航等。一般情况下,教学流程中每一个子项的制作脚本包含以下几个内容:界面布局、界面说明、屏显内容、屏显类别、屏显时间、交互控制、配音及配乐。制作脚本是制作多媒体课件的直接依据,制作人员依据制作脚本来制作课件。

(四) 搜集媒体素材,制作合成课件

搜集素材应根据脚本的需要来进行。理想的素材是制作优秀课件的基础,课件素材的优劣直接关系到课件的成效。素材的采集与制作可以通过多种途径,这些在前面的章节中已经做了详细的阐述。

多媒体课件最核心的环节是制作合成。其主要任务是根据脚本的要求和意图设计教学过程,利用多媒体软件制作课件,将搜集的各种多媒体素材加以编辑,制作成交互性强、操作灵活、视听效果好的多媒体教学辅助课件。后面的内容中将以实例的形式介绍多媒体课件的制作。

(五) 修改调试运行,试用鉴定推广

课件制作完成后,要经过多次调试、试用、修改、完善,才能趋于成熟。这也是非常重要的一个环节,是确保课件质量的最后一关。

延伸拓展

多媒体课件的主要教学功能和系统结构①

一、多媒体课件的主要教学功能

多媒体课件的主要教学功能表现在:

(一) 图文声像并茂,优化学习环境

多媒体课件图文并茂、内容丰富多彩,能够更好地构建学习者的学习环境,方便学习者学习。同时多媒体课件对于教学内容全方位的阐述,更能激发学习者的学习兴趣,充分发挥学习者的主动性,真正体现学习者认知主体的作用。

(二) 友好的交互环境,调动学习者积极参与

多媒体课件由文本、图形(图像)、动画、声音、视频等多种媒体信息组成,给学习者提供的外部刺激不是单一的,而是多种感官的综合刺激,这种刺激能引起学习者的学习兴趣和提高学习者的学习积极性。

(三) 丰富的信息资源,扩大学习者知识面

多媒体课件提供大量的多媒体信息和资料,创设了丰富有效的教学情境,不仅利于学习者对知识的获取和保持,而且大大地扩充了学习者的知识面。

(四) 超文本结构组织信息,提供多种学习路径

超文本是按照人的联想思维方式非线性地组织管理信息的一种先进技术。由于超文本结构信息组织的联想性和非线性符合人类的认知规律,所以便于学习者进行联想思维。另外,由于超文本信息结构的动态性,学习者可以按照自己的目的和认知特点重新组织信息,按照不同的学习路径进行学习。

二、多媒体课件的系统结构②

课件的系统结构是一种层次结构,它表现了课件组成的各种关系,在进行课件的系统

① 李兆君. 现代教育技术[M]. 北京:高等教育出版社,2010。

② 何克抗. 教育技术培训教程(教学人员·初级)[M]. 北京:高等教育出版社,2006:88-89。

结构设计时，应尽量减少结构的复杂性，降低相互间的关联度与耦合度及调用深度，使课件的功能分布均匀。下面介绍几种常见的多媒体课件结构。

（一）线形结构

这种结构通常会按照线性的顺序播放整个课件，很多演示文稿会采用这一种结构，如图 4-2。

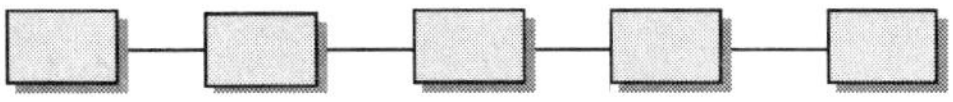

图 4-2　线性结构

（二）树形结构

树形组织方式将信息分类，不论信息是在本地站点还是外部站点上，都可以通过这种方式方便地将信息组织起来，如图 4-3 所示。这是一种常见的多媒体课件结构形式，大量结构化良好的网络课件采用了这种树形组织方式，有些为了在教学中运用灵活的演示文稿，也采用这一结构形式。

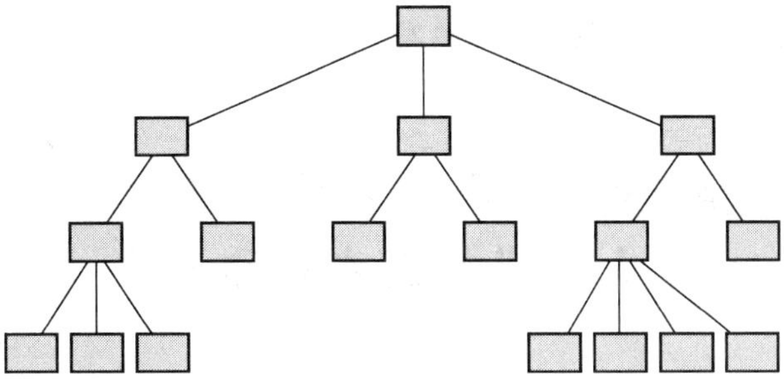

图 4-3　树形结构

（三）网状结构

网状结构是一种结构化的信息组织方式，适合于需要详细解释和大量练习的主题，如图 4-4 所示。它企图像导师一样通过序列化信息、测试、反馈与学习者进行交互。在这种学习环境中，学习者的学习受系统的控制，系统中包含一个记录学习者学习路线的文件，学习者有清楚的学习目标，一般较少使用外部资源。交互式多媒体教学课件大多采用这一结构形式。

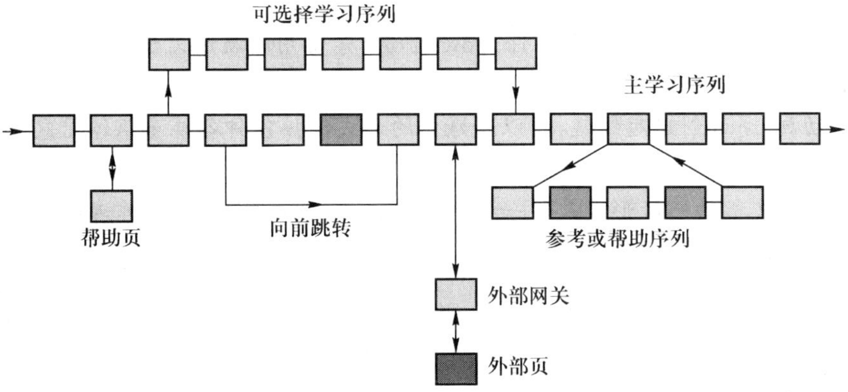

图 4-4　网状结构

反思总结

请您结合自己的教学实践总结一下在高中地理教学中哪些内容在传统教学条件下难以达到理想的教学目标,存在什么样的问题?使用何种类型和功能的多媒体课件能够有效地解决问题?填写在表 4–1 中。

表 4–1 教学实践总结表

教学内容	存在的问题	课件功能

活动建议

结合自己的教学实践,选择某一课题编写出课件的文字脚本和制作脚本。

第二节 PowerPoint 演示型多媒体课件制作——《大规模的海水运动》

学习目标

☆ 掌握 PowerPoint 软件的基本操作技术和制作流程

☆ 能根据选题利用 PowerPoint 独立集成和开发演示型多媒体课件

崔老师已经准备好了《大规模的海水运动》课件中需要的文本、图片、音视频及动画素材,现在要把这些资源有机地整合为一个演示型课件。

自主阅读

演示文稿的一般形式

演示文稿是最常见的演示型课件,PowerPoint 是常用的演示文稿编辑软件,也是演示型课件最简单的教学资源整合平台。在演示文稿中可以插入并编辑文本、图形、图像、视频、声音、动画,通过创建超级链接,以超媒体的形式链接各种各样多媒体信息,并将这些信息整合在一起制成课件供教学使用。

教学演示文稿的一般形式是第一张幻灯片作为封面,包含标题、作者等信息,然后是目录幻灯片、内容幻灯片和结束页。

封面页	目录页	内容页	结束页
标题 单位 作者 联系方式 日期等信息	导航目录 1 导航目录 2 导航目录……	内容标题 文本、图片、声音、影视、动画等素材的策略性组织	致谢

下面以 PowerPoint 2003 为例，介绍演示型课件制作的一般方法。

一、创建演示文稿

当启动 PowerPoint 2003 后，出现如图 4-5 所示界面。

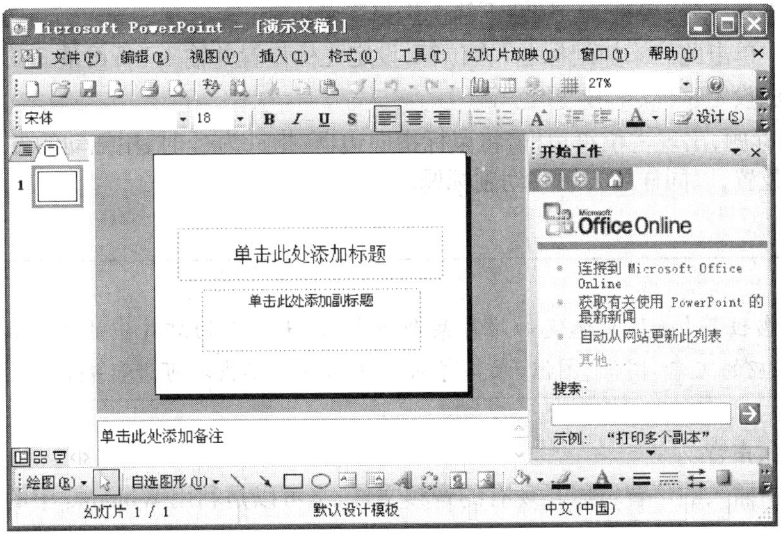

图 4-5　PowerPoint 2003 启动窗口

单击【 文件 】中【 新建 】菜单弹出“新建演示文稿”面板（如图 4-6），在面板中给出了 4 种可能的行动方案：空演示文稿；根据设计模板；根据内容提示向导；根据现有演示文稿。

如果已经有了合适的课件模板（.ppt 格式），可以单击【 根据现有演示文稿 】，弹出“根据现有演示文稿新建”对话框，选择下载的模板文件，单击【 创建 】进入幻灯片编辑环境。

二、插入多媒体对象

（一）插入文本、图片

文本和图片可以通过【 插入 】菜单中的【 文本框 】和【 图片 】命令实现。其中图片的来源可以是剪贴画、文件、扫描仪或照相机、自选图形、艺术字、组织结构、图表等。

以封面页幻灯片为例（如图 4-7），其操作步骤如下：

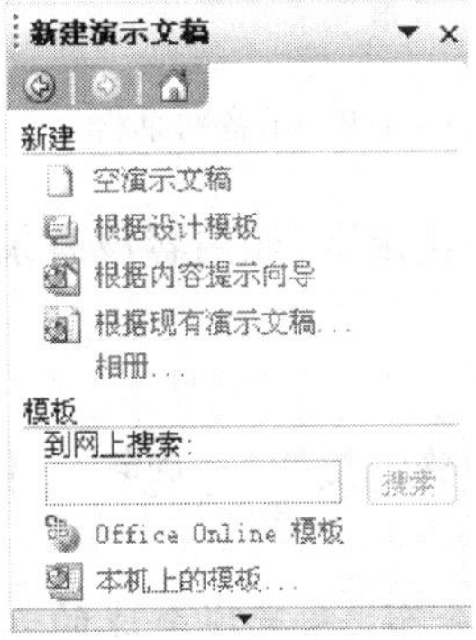

图 4-6　新建演示文稿面板

图 4-7　课件封面

1. 单击【插入】—【图片】—【来自文件】菜单，弹出“插入图片”对话框，查找目标图片所在的位置并选中，然后单击 插入(S) 按钮。

2. 鼠标单击“单击此处添加标题”占位符，设定光标位置并输入“大规模的海水运动”。

3. 鼠标单击占位符边框，单击工具栏 宋体 按钮下箭头，选择字体，单击 五号 按钮下箭头选择字号，单击 A 按钮下箭头选择颜色。

4. 单击“单击此处添加副标题”占位符，设定光标位置并输入“昌图第三高中 崔国峰”，用同样的方法设定字体、字号、颜色等。

5. 单击标题，出现占位符边框，将鼠标指向边框，指针为 时，用拖动的方法，将标题移动到合适的位置，以同样的方法移动副标题。

提示卡

所谓“占位符”是用户选定幻灯片某个版式后，出现在幻灯片中的虚线框，这些虚线框占据着相应的文本、图形、图像、表格等对象的位置。单击即可进行编辑。

（二）插入声音

幻灯片中插入的声音可以是现有的音频文件，也可以是利用 Windows 中的“录音机”程序录制的声音。

将配音文件插入幻灯片的操作步骤如下：

1. 单击【插入】—【影片和声音】—【文件中的声音】，则弹出“插入声音”对话框。

2. 选择需要的声音文件，单击 确定 按钮，则弹出“Microsoft Office PowerPoint”对话框，如果单击 自动(A) 按钮，则播放幻灯片时自动播放配音，如果单击 在单击时(C) 按钮，在放映幻灯片时，只有单击“ ”图标后才播放配音，如图 4–8。

录制声音的操作步骤如下：

1. 在幻灯片视图中，选定要录制配音的演示文稿。

2. 单击【插入】—【影片和声音】—【录制声音】命令，则弹出“录音”对话框，见图 4–9。

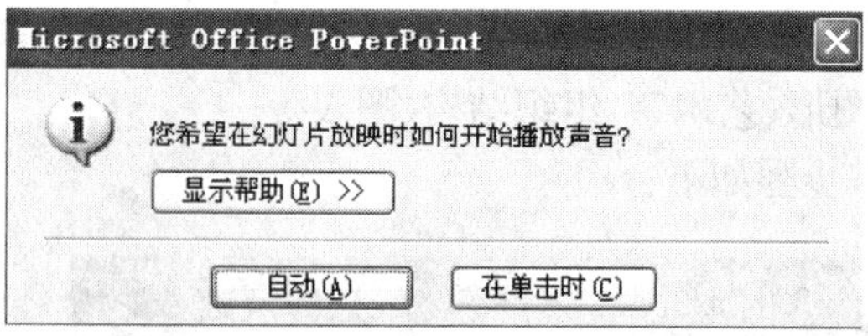

图 4–8 插入声音文件对话框

图 4–9 录音对话框

3. 准备好后，即可录音，录音开始后，单击停止键 即停止录音，如内容没有录制完可继续单击录音键 。

4. 单击播放键 可回放收听录音效果。

5. 结束录音后，在“名称”输入框中键入此声音名称，单击确定按钮 确定 保存。

（三）插入视频

在授课时，崔老师尝试通过播放视频“全球气压带、风带分布”来呈现全球的六个风带及分布，激发学生的好奇心和学习兴趣。

视频文件亦可方便地插入到幻灯片中使用，其操作步骤和插入声音文件相同。其操作步骤如下：

1. 鼠标单击【插入】—【影片和声音】—【文件中的影片】菜单，弹出“插入影片”对话框，找到目标文件所在的位置，选择文件“全球气压带及风带分布 .mpg”，单击 确定 按钮。

2. 弹出“Microsoft PowerPoint”对话框，根据需要单击其中相应的按钮，此处单击 在单击时(C) 按钮。

3. 插入视频文件后，幻灯片上出现的是影片的第 1 帧图像，可以拖动图像到合适的位置，并拖动图像的控制点调整大小。

三、超级链接编辑

在幻灯片中插入超级链接的操作步骤为：

1. 打开要插入超级链接的演示文稿。
2. 选定代表超级链接的文本或对象。
3. 单击【插入】—【超链接】菜单，则弹出“插入超链接”对话框，如图 4–10。

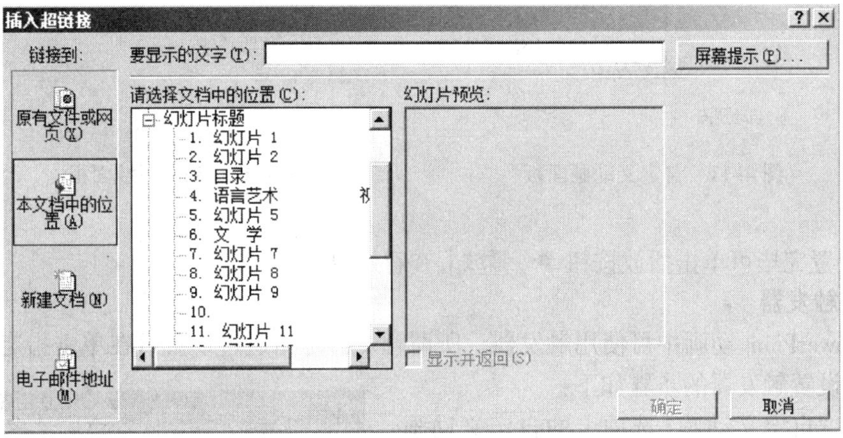

图 4–10　插入超链接对话框

4. 插入超链接有两种常用的方式：一是链接文件或网页；二是链接本文档中的幻灯片。选择需要的链接方式和链接的目标文件、网址或幻灯片，单击按钮 确定 即可。

四、幻灯片动画的设置

为幻灯片上的文本、图形、图示、图表和其他对象添加动画效果，这样可以突出重点、控制信息流，并增加演示文稿的趣味性。在 PowerPoint 2003 提供了四种动画类型：①进入动画用于显示对象，应用最为广泛。②强调动画用于突出显示对象，例如地图的着重显示。③退出动画用于让已有对象离开画面。④路径动画用于对象沿着某一路径运动，例如物理中的自由落体、平抛运动等。

(一) 自定义动画

其操作步骤为：

1. 选中要设置动画的对象，单击【幻灯片放映】—【自定义动画】，弹出“自定义动画”

面板,如图4-11所示。

2. 单击添加效果按钮 添加效果 ,弹出“进入”、“强调”、“退出”和“动作路径”四种动画类型,每种动画类型都包含多种具体选项。

3. 选择完具体的动画类型后,可以在动画属性面板(如图4-12)中,修改动画开始方式、方向和速度参数到达需要的效果。

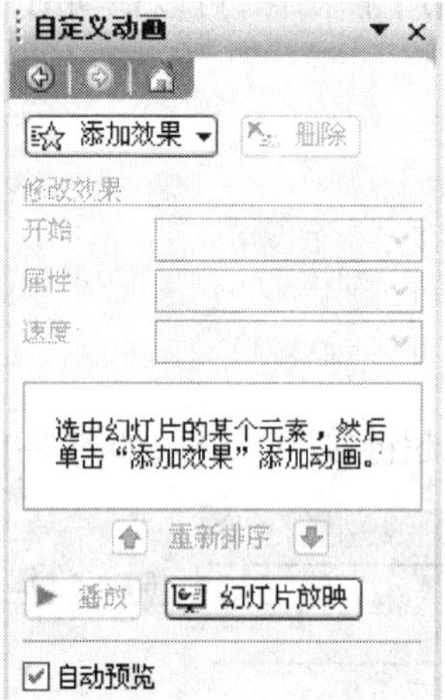

图4-11 自定义动画面板

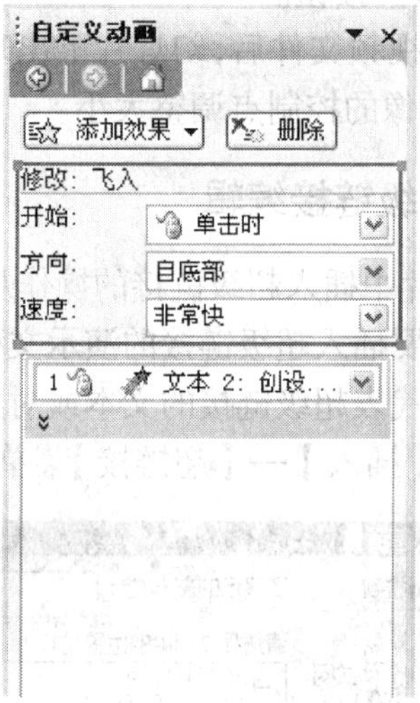

图4-12 动画属性面板

4. 设置完毕可单击播放按钮 播放 ,查看效果。

(二) 触发器

在PowerPoint动画中可使用触发器。所谓触发器是指通过设置可在单击指定对象时播放动画。设置触发器的步骤如下:

1. 在“自定义动画”选项卡的自定义动画列表中,单击右键所需的动画文本项。

2. 单击“计时”,弹出对话框,如图4-13。

3. 单击“触发器”,并选择“单击下列对象时启动效果”,并在右边对象列表中选择作为触发器的对象。(应用触发器制作填空、选择、匹配习题的实例请参见配套光盘。)

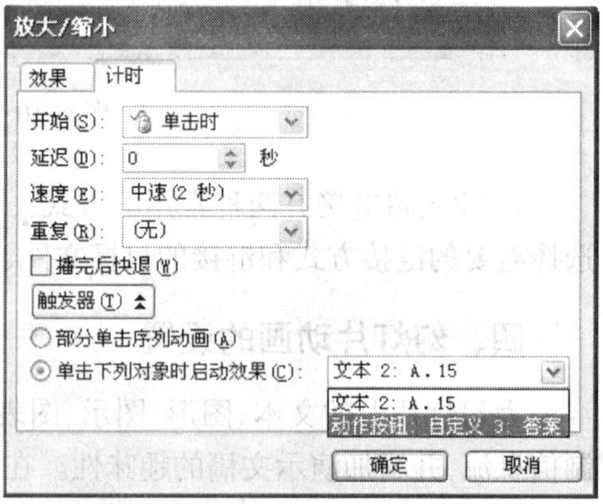

图4-13 动画效果对话框

五、幻灯片的放映

在幻灯片浏览中,对演示文稿进行整体的修改和协调之后,即可放映幻灯片。

(一) 启动幻灯片放映

放映幻灯片的操作方式有如下四种,任何一种均可实现幻灯片的放映:

1. 执行【视图】——【幻灯片放映】菜单命令。

2. 单击左侧“幻灯片”选项卡下方的工具栏 中的“幻灯片放映”按钮 。

3. 执行【幻灯片放映】—【观看放映】菜单。

4. 键盘上的 F5 键。

在幻灯片放映过程中，屏幕左下角有一个放映控制按钮，可以实现幻灯片前后切换控制、选择批注工具等功能。在任何位置上单击鼠标右键，即可弹出控制菜单。

提示卡

在放映过程中，必须把鼠标移动到幻灯片的左下角才会出现放映控制按钮。

（二）幻灯片间切换方式设置

操作步骤如下：

1. 单击菜单栏【幻灯片放映】—【幻灯片切换】，弹出“幻灯片切换”面板，如图 4-14 所示。

2. 选择幻灯片切换效果，修改效果属性，单击 ▶ 播放 按钮，查看效果。

（三）演讲者备注

在教学演示过程中，可以使用 PowerPoint 2003 提供的“演讲者备注”功能进行教学情况记录，比如：学习者的回答问题情况、教学内容的接受程度等信息，以方便教师课后反思与总结。在幻灯片放映过程中调出演讲者备注的操作步骤如下：

1. 打开演示文稿，播放幻灯片。

2. 在放映过程中单击鼠标右键，在弹出的快捷菜单中单击【屏幕】—【演讲者备注】，弹出“演讲者备注”对话框，在对话框中可以添加备注信息。

3. 单击 关闭(C) 按钮，完成备注。

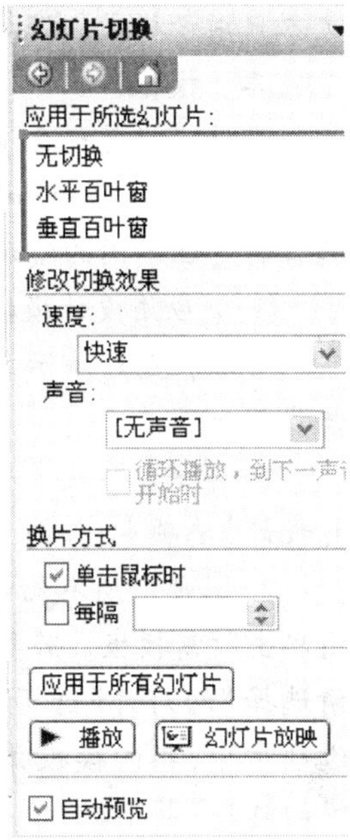

图 4-14 “幻灯片切换”面板

（四）结束幻灯片放映

结束幻灯片放映有以下三种方法：

1. 如果设置了幻灯片切换的间隔时间，幻灯片放映完毕则自动结束。

2. 当循环放映时，可按 Esc 键退出。

3. 在放映过程中，右击鼠标，在弹出的快捷菜单中单击“结束放映”命令。

编辑好的演示文稿一定记住要保存，其操作步骤如下：单击工具栏按钮，指定文件的保存路径并输入文件名，单击 保存(S) 按钮。

演示文稿的制作除了上述基本操作外，还涉及其他一些开发步骤和技术，（关于 PowerPoint 的更多具体操作详见配套光盘）只有熟练掌握它们才能在日常演示文稿的制作过程中如鱼得水，得心应手。

延伸拓展

母版与模版

一、母版

使用幻灯片母版的目的是进行全局设置和更改(如设置或替换正文的字体),并使该更改应用到当前所有幻灯片。

通常可以使用幻灯片母版进行下列操作:改变标题、正文和页脚文本的字体;改变文本和对象的占位符位置;改变项目符号样式;改变背景设计和配色方案等。

要查看或修改幻灯片母版的操作方法:选择菜单中的【视图】—【母版】—【幻灯片母版】命令显示母版视图,可以像更改任何幻灯片一样更改幻灯片母版。但母版上的文本只用于样式,实际的文本(如标题和列表)应在普通视图的幻灯片上录入。

二、模板

设计模板是包含演示文稿样式的文件,包括项目符号和字体的类型和大小、占位符大小和位置、背景设计和填充、配色方案以及幻灯片母版和可选的标题母版。使用设计模板的目的是让不同的演示文稿共享样式。

(一) 应用设计模板

可以在创建演示文稿时应用设计模板,也可以在编辑演示文稿时应用设计模板,其具体步骤如下:

1. 单击【格式】—【幻灯片设计】菜单,打开“幻灯片设计”选项卡,如图4-15。

2. 若要对所有幻灯片(和幻灯片母版)应用设计模板,请单击所需模板。若要将模板应用于单个或多个幻灯片,请选择“幻灯片”选项卡上的缩略图;然后在幻灯片设计选项卡中,指向模板并单击下拉箭头,再单击“应用于选定幻灯片”菜单。

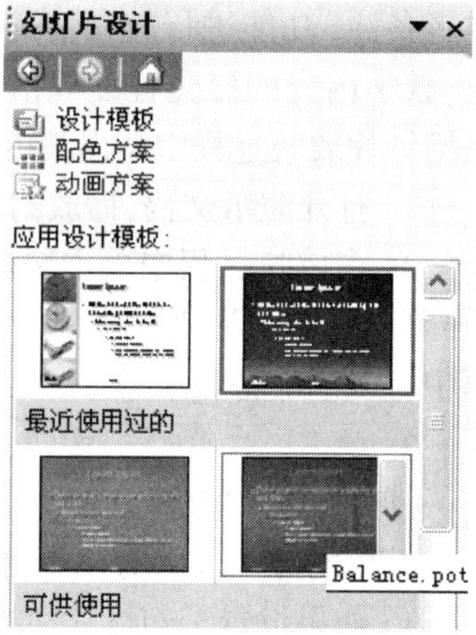

图4-15 幻灯片设计选项卡

(二) 创建自己的设计模板

创建新的模板可通过将演示文稿另存为模板获得。具体操作方法如下:

1. 在演示文稿里删除新模板中不需要的文本、幻灯片或设计元素。

2. 在【文件】菜单上,单击【另存为】,弹出“另存为”对话框。

3. 在“文件名”框中,键入模板的名称。在“保存类型”框中,单击“演示文稿设计模板(*.pot)”。单击“保存”按钮。

如果将模板文件保存在缺省目录下,新模板会在下次打开PowerPoint时按字母顺序显示在“幻灯片设计”选项卡的“可供使用”之下。如果你改变了模板的保存位置,在应用此设计模板时需要点击“幻灯片设计”选项卡最下面的“浏览”命令以查找此模板。

活动建议

一、技能应用，选择已有的 PowerPoint 演示型多媒体课件，根据本节介绍的技术进行修改和优化；或者结合自己的教学实践，选择某一课题使用 PowerPoint 制作演示型多媒体课件。

二、分享成果，将做好的 PowerPoint 演示型多媒体课件分享给同事或上传到网络中听取他人的评价，并将评价修改建议与意见记录下来。填在表 4-2 中。

表 4-2 PPT 课件评价表

优点	建议与意见

反思总结

请您回顾和反思在自己亲历的整个课件制作过程中遇到的问题及解决问题的方法并记录下来。

____

____

第三节 Dreamweaver 网络型多媒体课件制作——《农业的区位选择》

学习目标
- ☆ 阐述 Dreamweaver 软件的基本操作技术和制作流程
- ☆ 能用 Dreamweaver 制作简单的网络型多媒体课件。

侯老师在讲授《农业的区位选择》这节课时，考虑到本节的内容多为初中阶段学过的知识，重点是农业主要区位因素的分析和应用。可结合事例，了解农业的主要区位因素和生产特点，为后续学习打好基础。为了完成教学目标，特别采用了网络环境下的教学模式，可充分利用网络型多媒体课件的优势让学生自己观察、讨论并总结，从而得出结论。设计中运用类比方法引入课题，突出重点以促进学生迅速进入学习状态；利用图片、动画、视频增强感官效果，做到理论联系实际，较好地完成教学目标。侯老师已经准备好了课件中需要的文本、图片、音视频及动画素材，现在要把这些资源有机地整合为一个网络型多媒体课件，侯老师将采用什么方法实现呢？

首先，规划课件的结构图，如图 4-16。

其次，制作课件规划表，如表 4-3。

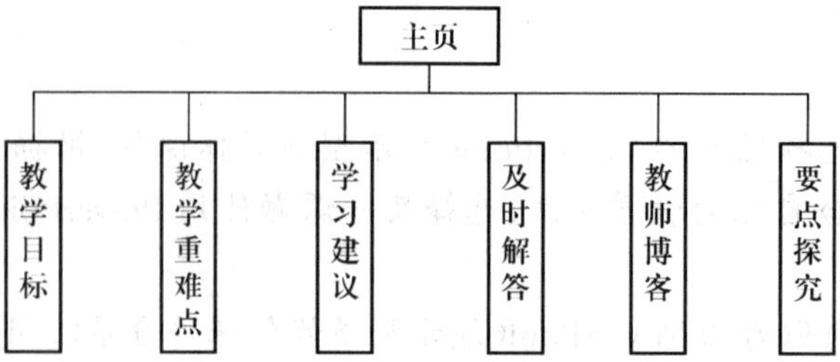

图 4-16 网站结构图

表 4-3 课件规划表

页面名称	页面内容	包含的媒体类型	备注
Index. htm	网站首页		上左右窗体结构网页布局
top. htm	网站 logo、banner 和导航栏一	文本;图片	首页上部页面
left. htm	网站导航栏二	文本	首页左侧页面
mubiao. htm	本节的教学目标	文本	右侧窗体呈现
……	……	……	……

最后,建立课件的文件夹结构,如图 4-17 所示。

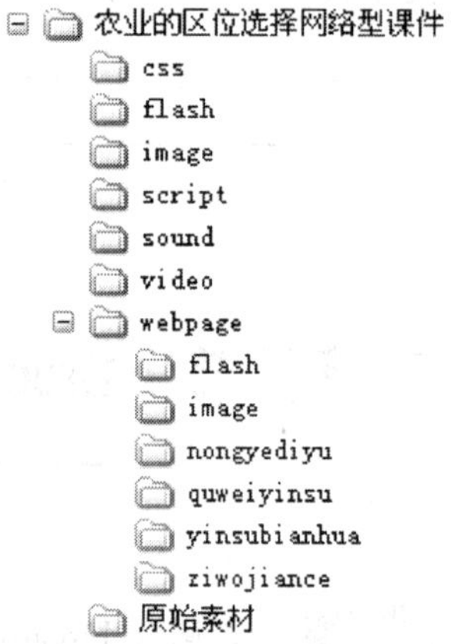

图 4-17 文件夹结构图

活动建议

在计算机上按照“文件夹结构图”的形式把文件夹建好,并把前面收集的《农业的区位选择》的各种素材复制到相应的文件夹中。

自主阅读

Dreamweaver 界面和网页基础知识介绍

一、Dreamweaver 界面介绍

Dreamweaver CS3 的工作界面由菜单栏、工具栏、工作区和各种面板等组成(如图 4-18)。详细工具介绍及案例视频教程参见配套光盘。

二、网页基础知识

1. 网页的构成要素

网页由标题和主体两部分组成,其中网页主体又可以进一步分为 logo(站标)、banner(广告条)、导航栏和页面内容等四部分,如图 4-19 所示。

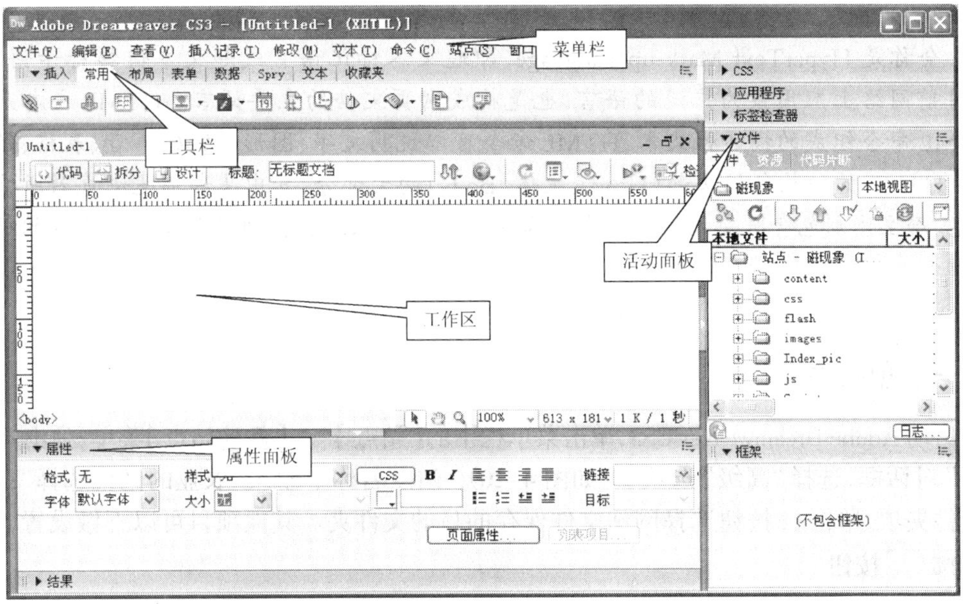

图 4-18 Dreamweaver CS3 工作界面

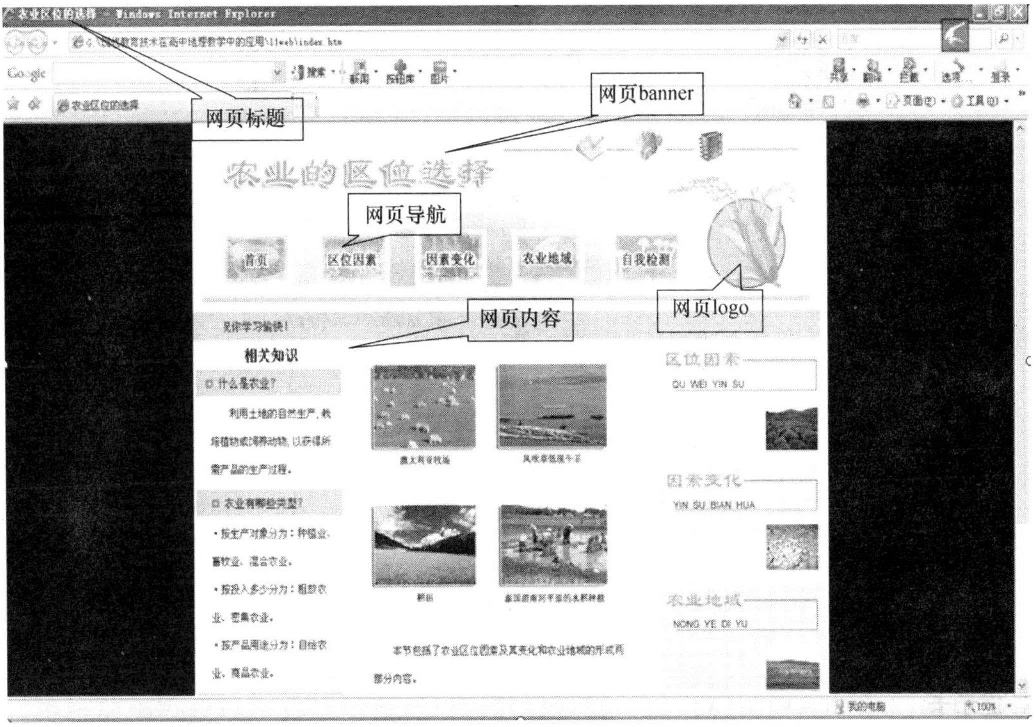

图 4-19 网页构成要素示意图

2. 网站

网站是由网页集合而成的，而大家通过浏览器所看到的画面就是网页，网页说具体了是一个 html 文件，浏览器是用来解读这份文件的。也可以说，网页是由许多 html 文件集合而成。此外，还需要域名（也就是网站地址）和网站空间。

3. HTML

全称是 HyperText Mark-up Language，即超文本标记语言或超文本链接标示语言，是目前网络上应用最为广泛的语言，也是构成网页文档的主要语言。HTML 文本是由 HTML 命令组成的描述性文本，HTML 命令可以说明文字、图形、动画、声音、表格、链接等。HTML 的结构包括头部(Head)、主体(Body)两大部分，其中头部描述浏览器所需的信息，而主体则包含所要说明的具体内容。详细的 HTML 标签讲解参见配套光盘的视频教程。

一、创建站点

启动 Adobe Dreamweaver CS3，单击菜单栏中的【站点】—【新建站点】菜单，弹出“新建站点”对话框，选择“高级”选项卡(如图 4-20)。站点名称中输入“农业的区位选择”；本地根文件夹项，单击按钮选择网站文件保存的目的文件夹。其他项目可以不做设置，单击 确定 按钮。

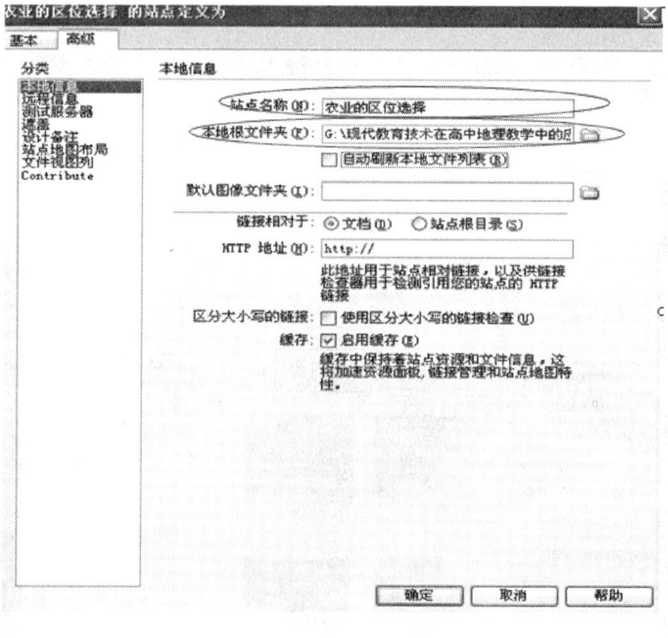

图 4-20 创建站点

提示卡

建立站点的目的是更好地利用站点工具对站点文件及文件间链接进行管理。

侯老师尝试创建一个介绍农业区位因素的网页，主要包含水稻生产的分布情况、江西泰和千烟洲采取的立体农业布局、我国杭州的“明前龙井”茶引进日本后栽培效果不佳的根本原因等文字介绍及图片效果，如图 4-21。

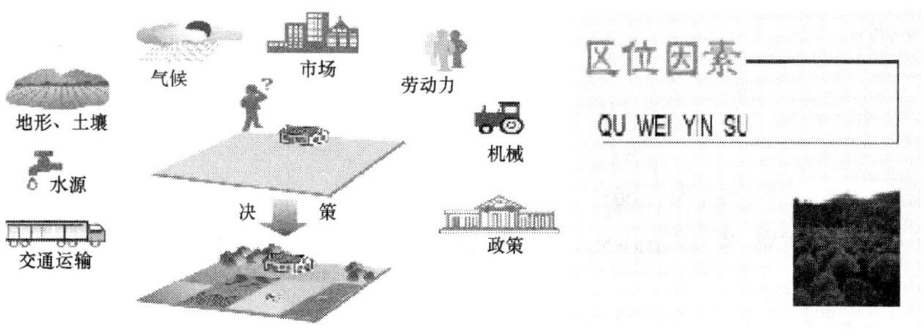

为什么水稻生产主要分布在热带、亚热带季风气候区和温带气候区，而不包括地中海气候区？

千烟洲为什么要采取“丘上林草丘间塘、缓坡沟谷鱼果粮”的立体农业布局？

我国杭州的“明前龙井”茶世界驰名，日本茶道研究者曾经把茶种带到日本栽培，但效果始终不好，请问其最根本的原因是什么？

天津市汉沽区近年来出现了大面积的葡萄园，而在几年前却很少，这是为什么？

荷兰的鲜花出口占全球市场的60%，在24小时之内，荷兰的鲜花可以空运到世界上每一个角落。可以这样自豪地说，是荷兰的鲜花装点了整个世界。

近年来，随着人民生活水平的提高，一些副食品农业生产的利润远远高于粮食种植，为什么还有许多农民甘于去种植粮食呢？

图 4–21 《农业的区位因素》网页示意图

二、创建网页

1. 单击【文件】—【新建】菜单，出现“新建文档”对话框（如图 4–22），选择“空白页”选项卡页面类型为“HTML”，布局为“< 无 >”，单击 创建(R) 按钮，即完成页面创建。单击【文件】—【另存为】菜单，弹出“另存为”对话框，输入“quweiyinsu.htm”作为文件名，单击

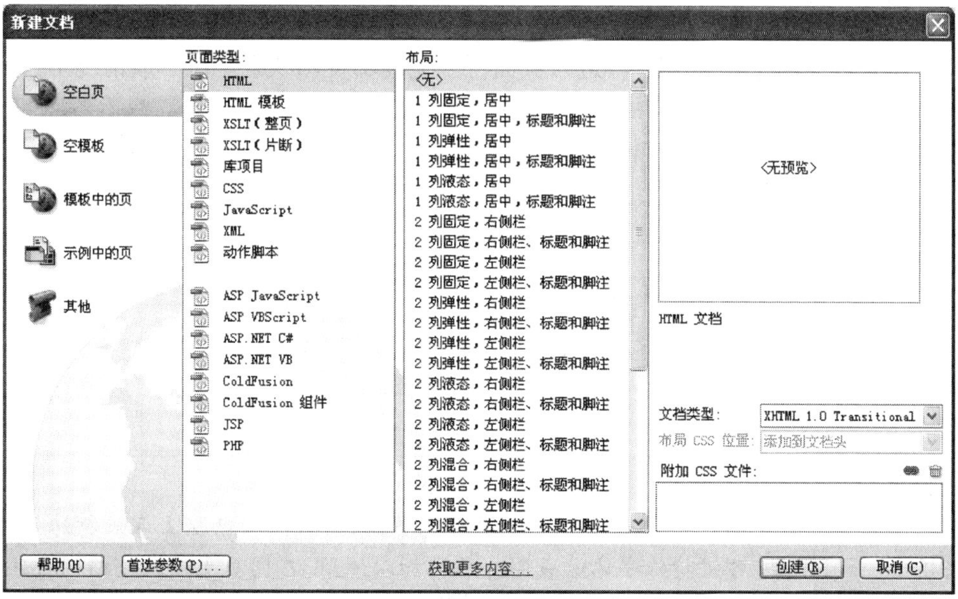

图 4–22 创建网页

保存(S) 按钮。

提示卡

网页文件的扩展名一般为：. htm、. html、. asp、. jsp、. php 等，网站的默认起始页一般是 index 或 default 加上文件扩展名，即 index. htm、default. html、index. asp 或 default. asp 等形式。

2. 执行【修改】—【页面属性】命令，打开“页面属性”窗口，如下图 4–23 所示。在“标题 / 编码”选项界面中的标题空格里输入“区位因素”作为网页的标题。同时还可以设置网页的字体、背景颜色或背景图像、边界距离、超级链接的颜色等（一般默认即可）。

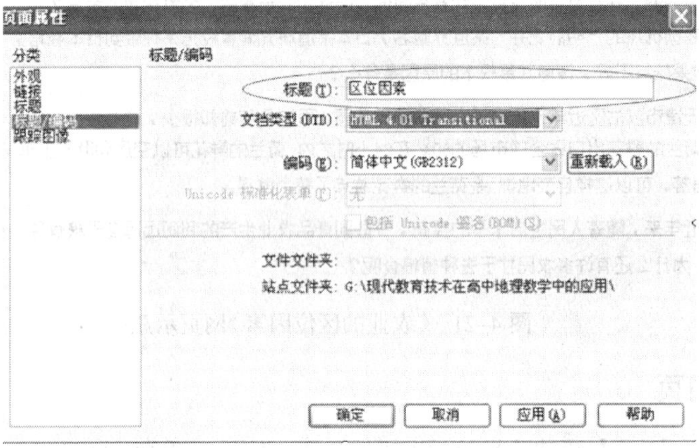

图 4–23 设置页面属性

三、编辑网页

（一）插入文本

单击【查看】—【设计】菜单，进入页面可视化编辑视图状态。在一般情况下，编辑器默认左对齐，光标位置是插入点的位置，输入“区位因素”四个字。选中文字，在“属性”面板（如图 4–24）中可以设置格式、字体、大小、样式和颜色等属性。

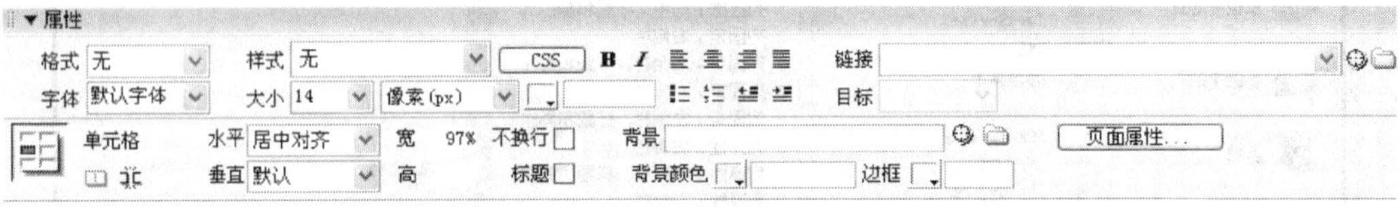

图 4–24 属性面板

提示卡

在网页上最常用的字体是宋体。不使用特殊字体，因为他人电脑上未装特殊字体则无法显示。如有需要，可将特殊字体做成图片后再加以使用。在网页上输入空格的办法是：把输入法调为全角后按空格键。在网页上换行的办法是：Shift+Enter，只按 Enter 则为换段。

（二）插入图片

单击【插入记录】—【图像】菜单，弹出“选择图像源文件”对话框，选中目标图像文件，单击 确定 按钮即可。

（三）插入声音

网页中的声音一般作为背景音乐，为网页添加背景音乐的方法一般有两种，第一种是通过普通的 <bgsound> 标签来添加，另一种是通过 <embed> 标签来添加。

1. 使用 <bgsound> 标签

单击【查看】—【代码】菜单，进入代码编辑视图状态。在 <body></body> 之间输入如下代码：

```
<bgsound src="music.mp3" loop="-1">
```

其中，src 指声音文件所在的路径；loop="-1" 表示音乐无限循环播放，如果你要设置播放次数，则改为相应的数字即可。

2. 使用 <embed> 标签

使用 <embed> 标签来添加音乐的方法并不常见，但是它的功能非常强大，如果结合一些播放控件就可以打造出一个 Web 播放器。它的使用方法与第一种基本相同，代码如下：

```
<embed src="music.mp3" autostart="true" loop="true" hidden="true"></embed>
```

（四）插入视频

视频文件的格式有很多，插入网页中的方法有所不同，一般使用 <object> 和 <embed> 标签实现。avi、mpg、wmv 格式的文件使用 <embed> 标签插入视频的代码如下：

```
<embed src="zhenghe.mpg" width="400" height="400" autostart="true" loop="true">
```

（五）插入动画

单击【插入记录】—【媒体】—【Flash】菜单，弹出“选择文件”对话框，选中目标动画文件，单击 确定 即可。

（六）插入表格

单击【插入记录】—【表格】菜单，弹出“表格”对话框，输入行数、列数、表格宽度等数据，单击 确定 即可。

（七）超级链接编辑

选中所要链接的文字“四大发明”，在“属性”面板中的单击“链接”后的（文件夹）按钮，弹出“选择文件”对话框，选中目标文件，单击 确定 按钮。如图 4-25 所示。

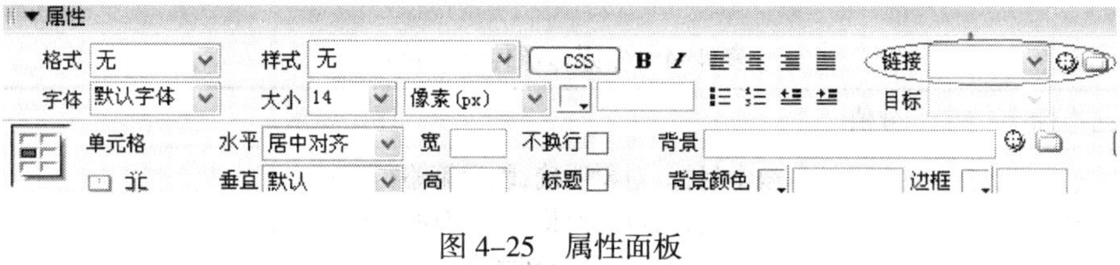

图 4-25　属性面板

（八）预览网页

在页面编辑器中按键盘上“F12”即可实现预览网页效果。

延伸拓展

超链接的类型

超链接是从一个目标端指向另一个目标端的链接。超链接按目标端点可以分为外部链接、内部链接、局部链接和 E-mail 链接。

外部链接是链接到本站点之外的站点或文档(比如链接到自己的博客或其他资源),利用这种链接,可以跳转到其他的网站上。

内部链接的目标端点是本站点中的其他文档,利用这种链接,可以跳转到本站点其他的页面上(也可是 Word 文档、ppt 课件等其他格式的文件)。代码如下:

<a href="kejian.ppt"> 教学课件下载(ppt)</a>

局部链接的目标端点是同一文档中的某个位置,如文档中间、末尾、开头或某个指定的位置,也可以是其他文档中的某一指定位置。代码如下:

定义锚:<a name="top"></a>

链接到锚:<a href="#top"> 返回顶部 </a>

Email 链接的目标端点是一个 Email 地址,单击这种链接,可以启动本地的电子邮件程序,书写邮件并发送到指定的地址。代码如下:

<a href="mailto:dili@126.com"> 我的邮箱 </a>

活动建议

一、模拟练习,打开配套光盘中的“农业的区位选择网络型课件”文件夹,选择一个网页文件,结合教材中讲解的制作技术,并亲身实践。

二、结合自己的教学实践,选择某一课题进行 Dreamweaver 网络型多媒体课件的实践。

三、分享成果,将做好的 Dreamweaver 网络型多媒体课件分享给同事或上传到网络中听取他人的评价,并将评价和修改建议与意见记录下来。

反思总结

经过前面三次分享成果,听取了他人对多媒体课件的评价,请思考如何评价一个多媒体课件是科学、准确的。下面给出全国多媒体教育软件大奖赛指南中多媒体课件的评比指标(如表 4–4),以此为参考细化设计评价的二级指标、评价标准和权重,填写在表 4–5 中。

表 4–4 多媒体课件评比指标

评比指标	分值	评比要素
教学设计	30	教学目标、对象明确,教学策略得当; 界面设计合理,风格统一,有必要的交互; 有清晰的文字介绍和帮助文档
内容呈现	25	内容丰富、科学,表述准确,术语规范; 选材适当,表现方式合理; 语言简洁、生动,文字规范; 素材选用恰当,结构合理

续表

评比指标	分值	评比要素
技术运用	25	运行流畅,操作方式简便、快捷,媒体播放可控; 导航方便合理,路径可选; 新技术运用有效
创新与实用	20	立意新颖,具有想象力和个性表现力; 能够运用于实际教学中,有推广价值

表 4–5 课件评价指标体系

课件名称			制作人		
一级指标	二级指标	权重 /%	自我评价	小组评价	得分
教学设计 (30)					
内容呈现 (25)					
技术运用 (25)					
创新与实用 (20)					
总计					

思考与练习

一、名词解释

多媒体课件　HTML　超链接

二、实践题

根据教学实践选择一个课题并制作一个演示型多媒体课件。要求:

收集相关教学资源;

编写课件文字脚本和制作脚本;

制作演示型多媒体课件。

教学篇

- 多媒体环境下的高中地理教学
- 计算机网络环境下的高中地理教学

第5章
多媒体环境下的高中地理教学

本章概要

本章首先介绍了多媒体教室的标准配置、系统结构，以及标准多媒体教室能够为高中地理教学提供的辅助作用；其次介绍了多媒体教室环境下如何开展讲授式教学；而后介绍了新型交互式多媒体教室的特点及应用，为开展信息技术与高中地理课程深层次整合提供理论指导。

知识结构图

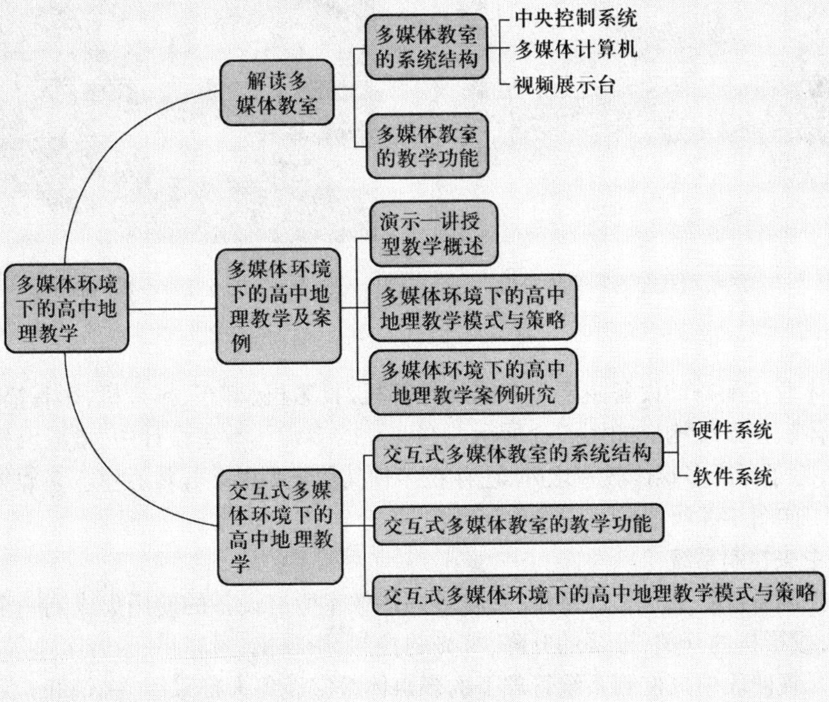

第一节 解读多媒体教室

学习目标
☆ 列举多媒体教室标准配置、系统结构及类型
☆ 举例说明多媒体教室的教学功能

最近，李老师的学校给每间教室都配备了多媒体计算机设备。对于这套多媒体系统，李老师虽然早有耳闻，但仍感新奇，同时也充满期待和少许的迷茫。不知道这套多媒体设备将能给教学带来什么样的变化，也不知如何处理好这些新的设备与黑板粉笔的关系。

一、多媒体教室的系统结构

多媒体教室，一般是指配备了计算机多媒体设备的教室。按照配备时间的先后顺序，可以有两种情形：一种是在普通教室的基础上，增加多媒体设备，如下图 5–1 所示；另一种是在教室设计之初，就考虑支持多媒体计算机，这种多媒体教室的设备型号、大小以及位置摆放都进行过合理地统筹安排，便于使用，如图 5–2 所示。

图 5–1 普通教室加装多媒体系统

图 5–2 多媒体教室

多媒体教室配备的设备主要有多媒体计算机、投影机、幕布、扩音机、影音播放设备等，标准多媒体教室系统构成如图 5–3 所示。在实际的多媒体教室设计中，增减设备都是正常的。因此，除了标准多媒体教室之外，还存在多种其他类型的多媒体教室。多媒体教室的主要设备介绍如图 5–3 所示：

（一）中央控制系统

中央控制系统是一个集成系统，它将多媒体教室所有设备的使用集成到一个控制界面上。例如，投影机的开关，银幕的升降，灯光的控制，影碟机、录音机、录音卡座、视频展示台的控制等。现阶段中央控制系统管理下的多媒体教室设备大都采用“一键开 / 关”机，方便操作。

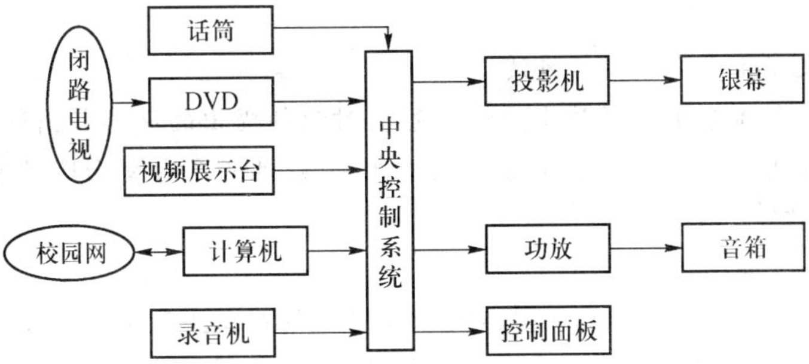

图 5-3 多媒体教室系统结构图

（二）多媒体计算机

计算机是多媒体教室的核心设备，在系统中既是教学用的媒体，又是网络连接的设备，还是中央控制系统的操作平台，由于其多数时间处于多任务工作状态，因此尽量选配运行速度快、内存大、配有声卡、网卡、光驱，工作稳定的多媒体计算机。

（三）视频展示台

视频展示台又称实物展示台，是一种新型的视觉媒体设备。视频展示台的基本工作流程是：利用一个摄像头将展示台上的景物转换成视频信号，再通过电视机或投影机播放，基本工作原理和摄像机相同，是一种图像信息采集设备。但利用视频展示台不仅可以将文字、图片、实物等转换成视频信号，而且可以将透明投影胶片、幻灯片，甚至活动的图像转换成视频信号。

延伸拓展

其他类型的多媒体教室

根据教学媒体数量的多少、质量的高低、教学功能的差异等，除了上文介绍的标准型多媒体教室之外，还存在以下几种类型的多媒体教室。

一、简易型

简易型多媒体教室中装配有常用的现代教学媒体：多媒体计算机、视频展示台、录像机、影碟机、液晶投影机和银幕等。透过液晶投影机，将来自多媒体计算机的数字信息或来自视频展示台、录像机、影碟机等的电视信号投影到大屏幕上。

简易型多媒体教室中使用的液晶投影机，具有较好的清晰度。同时使用视频展示台，可将文稿、图片、投影片以及实物直接转换成视频信号进行处理，增加了整个系统的教学功能。但是在多媒体教室中各个设备都是相互独立的。因此使用过程较为繁琐。

二、多功能型

多功能型多媒体教室较之标准型多媒体教室增加了摄录像装置和学习反应信息测试分析系统。

（一）摄录像装置

在教室装配有2~3台带可自动移动云台的摄像机，用于摄录师生的教学活动过程。摄像机信号传送到中心控制室供记录贮存，或同时传至其他教学场所供教学观摩或扩大教学规模。

（二）学习反应信息测试分析系统

该系统能让全体学生在座位上通过应答器对教师提出的问题作出选择性回答，并通过计算机实时收集与分析学生的学习反应信息，使教师能及时全面地了解学生的整体和个别情况，实现教学的个性化。

三、学科专业型

学科专业型多媒体教室是在简易或标准型配置的基础上增加一些某学科教学特殊需要的设备，如生物课教学需要的彩色显微摄像装置等，这样便成为了某一学科专用的多媒体教室。

二、多媒体教室的教学功能

多媒体教室一般情况下具备如下教学功能：

(1) 连接校园网和 Internet，能够方便地使用网络资源，实现网络联机教学。

(2) 连接闭路电视系统，充分发挥电视媒体在教学中的作用。

(3) 演示各类多媒体教学课件，开展计算机辅助教学。

(4) 播放录像、VCD、DVD 等视频教学节目。

(5) 展示实物、模型、图片、文字等资料。

(6) 能以高清晰、大屏幕投影仪显示计算机信息和各种视频信号。

(7) 用高保真音响系统播放各种声音信号。

活动建议

联系高中地理学科教学的实际，思考一下如果让您设计一个地理学科专用的多媒体教室，应该在上文所列举的多媒体教学功能的基础上增加什么功能？与您的学习伙伴就此问题展开讨论，并将讨论结果填入表 5-1 中。

表 5-1 研讨记录表

学科需求	功能

第二节 多媒体环境下的高中地理教学及案例

学习目标

☆ 阐述“演示—讲授”型教学的概念、作用及分类

☆ 解释多媒体教室环境下适用的教学组织形式

☆ 列举多媒体教室环境下适用于高中地理的教学模式和策略

考察了多媒体的教室的结构和功能以后，李老师发现，多媒体教室中的相关设备，实际上是为教师的教学提供技术支持的，如果能够充分发挥多媒体教室的教学功能，必将给自己的教学过程带来巨大的变革。由于多媒体本身所具备的形象性特点，只要在教学设计的过程中准备好适切的教学材料，课堂讲授的趣味性将大大增强，教学效率也会有较大的提高。

跟传统黑板粉笔教学条件不同，多媒体教室为教学带来了更多的可能性，使原本不可能的教学环节成为可能，也促使了多种不同的教学模式和策略的融合。传统教室环境下的地理教学某些不易讲授的教学难点问题，在多媒体教室环境下顺利得到解决。

一、演示—讲授型教学概述

演示—讲授型教学是指教师依据社会要求及学生身心发展特点，通过描绘、举例、阐释、说明、论证等方法，将知识、经验传授给学生的一种教学组织形式。一般情况下采用班级授课制。

自主阅读

教学组织形式

1. 教学组织形式的概念

教学组织形式就是围绕既定教学内容，在一定时空环境中，师生相互作用的方式、结构与程序。在教学实践中，人们很难将教学组织形式同教学方法截然分开，教学组织形式同教学方法及整个教学活动模式，决定了教学过程是否合理，对教学活动的展开和收效具有重要的意义。

2. 教学组织形式的作用

教学组织形式主要有以下两个作用：

(1) 采用合理的科学的教学组织形式有利于提高教学工作的效率。只有将不同的教学方法、手段运用于相应的教学组织形式中，才能充分发挥其作用。

(2) 采用合理的教学组织形式，有利于促进教学活动多样化，有利于满足不同学生的不同学习要求，从而实现教学的个别化。长期以来，人们对教学组织形式的探索及尝试，主要围绕着如何使教学活动适应每个学生的需要、兴趣、能力和发展潜力，即“因材施教”是如何展开的。

3. 教学组织形式的主要类型

我国当前教学组织形式主要有三种：班级授课；个别化学习；小组合作学习。

4. 班级授课的概念和特点

班级授课也称班级教学，是学校教学中应用最广泛、最基本的一种教学形式，按照年龄或程度把学生编成固定人数的班级，由教师按照课程计划(教学计划)统一规定的内容和时数，并按课程表进行教学的教学组织形式。班级授课的具体形式可大致分为三种：第一种是全班上课，这是最为普遍的班级教学的具体形式；第二种是班内小组教学，不完全打破班级,暂时把一个班级分成若干小组,由教师规定共同的学习任务并指导学生分组学习;第三种是班内个别教学,教师花费一定时间以一对一的形式对个别学生进行指导、辅导。

班级授课具有以下三个基本特点:

(1) 以"班"为人员单位,学生在班集体中进行学习,班级人数固定且年龄和知识水平大致相同;

(2) 以"课时"(学时)为时间单位,教师同时面对全班学生上课,上课有统一的起止时刻和固定的单位时间;

(3) 以"课"为活动单位,把教学内容以及传授这些内容的方法、手段综合在"课"上,把教学活动划分为相对完整且互相衔接的各个教学过程单元,从而保证了教学过程的完整性和系统性。

一般来说,演示—讲授教学有描述式、解释式、论证式、问答式等几种方式。描述式讲授多用描写的表达方式,兼有叙事和抒情,强调被描述对象的形似与神似,适用于人文学科的教学。解释式讲授是就教学内容进行知识要点转述、意义交流、符号转译、程序说明、结构提示等。一般过程为:介绍知识点—予以客观说明(提示、诠释、确认)—归纳小结。它要求突出被解释对象的重点、难点。论证式讲授是对基本概念、基本原理与基本方法等进行定义解说、举例分析、原理推导、观点归纳等,是讲授教学的高级类型。它强调原理的推导、证据的组织、相关知识的比较分析以及具体事实材料的抽象、概括等。问答式讲授主要表现为教师问、学生答,形式上为对话教学,实质上却是以讲授为主的教学,也可以看作是从讲授教学到对话教学的中间过渡形态。

演示—讲授教学在传递知识信息方面具有无可替代的优点,所以在教学中一直沿用。几乎所有的课堂教学都离不开教师的言语讲授,只是在不同的课堂教学中,讲授所占的时间比重不尽相同。课堂教学无论是空间布局、时间设定还是组织形式,都凸显出教师的主导地位,为讲授教学提供了便利条件。教师深入浅出的讲授,使抽象的知识变得浅显易懂;同时,它借助于语言媒介将知识信息直接传递给学生,让学生进行接受性的学习,避免了学生认识过程中不必要的曲折,能够帮助学生在短时间内获得大量系统的科学知识。

目前,在众多心理学家、教育学家的研究基础上,演示—讲授教学在形式上和内涵上不断优化。苏联教育家凯洛夫曾认为,课堂教学过程可分为课堂导入(情境创设),讲解新课(新知识讲授),巩固新课(例题与练习),课堂小结(小结)和布置作业等五个环节。加涅则在认知心理学基础上,提出了著名的九段教学,即引起注意、告知目标、刺激回忆先前学过的内容、呈现刺激材料、提供学习指导、提供行为正确性的反馈、评价行为、促进保持和迁移。现代讲授教学吸收了相关理论,从而有效地提高了讲授教学的质量。

二、多媒体环境下的高中地理教学模式与策略

多媒体环境是指多种媒体共存,对学习者形成多种刺激的教学系统环境。在这种环境下教学能够在较短的时间里呈现尽可能多的信息,同时能够以丰富多彩的信息呈现手段向

学生提供教学信息，因此，对于提高教学效率和改善教学效果都有较大的帮助。

（一）多媒体环境下的高中地理教学模式

结合高中地理学科的特点，多媒体环境下的高中地理教学模式可表述为以下四个环节：

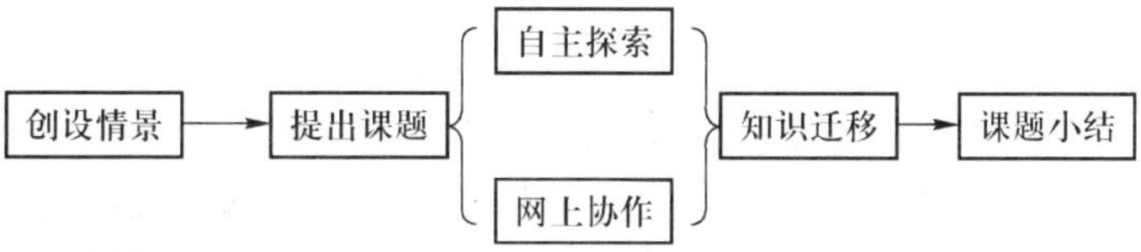

1. 创设情境，提出课题

创设情境，提出课题就是教师恰当、巧妙地利用音乐、幻灯、录音、录像等多媒体手段，把形、情、境、理融为一体，通过渲染课堂气氛，使学生产生身临其境之感，为学生理解教材提供特定氛围，帮助他们深刻体验文本内涵。

2. 自主探索，网上协作

学生在学习目标的指引下，对相关网页、站点、链接进行访问。教师为学生提供适当的帮助和指导，对学生的学习过程进行监控，对学生学习中遇到的问题作个别辅导，促进学生的学习进程。学生在通过人机协作进行自主探索的同时，可以通过网络进行各种形式的协作学习，如生生协作、生师协作等。

3. 思维拓展，知识迁移

康德说："每当理智缺乏可靠论证的思维时，发散类比这个方法往往能指引我们前进"。发散思维强调对未知信息的理解和应用，是通过类比、迁移、拓展方式突破原有知识结构去解决问题的思维方式。在发现中寻找规律的过程是螺旋式上升的，只有发散得越来越宽，才能将所学的知识应用到实际问题中。

4. 归纳总结，课题小结

对前面所学的内容进行归纳总结，可由学生总结，老师归纳。锻炼学生的概括能力和表达能力。对前面自主探究的内容及课标要求的知识进行梳理，以便知识的再迁移应用。

（二）多媒体环境下的高中地理教学策略

1. 讲授和演示相配合，利用多媒体解决教学内容的重点和难点

现代媒体理论告诉我们，不能用多媒体来代替教师进行教学，因此在课堂教学中要尽量避免利用多媒体进行满堂演示的教学组织形式。目前，班级授课制仍然是学校教学的主要组织形式，即使是在多媒体环境下的课堂教学中，教师的主导作用仍不能削弱。多媒体环境仅仅是课堂教学的信息呈现形式，而不应该是问题解决的根本手段。因此，在这种多媒体环境下的课堂教学中，使用多媒体的重要意义在于通过多种感官刺激激发学生的学习兴趣，以更好地解决学习内容的重点和难点。

利用多媒体创设问题情境，设置悬念，使学生产生刨根问底的急切愿望以激发他们的学习动机，引导他们在设疑—质疑—释疑的循环中，探求知识，发展智力。即使原有用语言和常规方法不易描述的、抽象难懂的知识和理论变得生动、具体、有趣和易学，又解决了多媒体课件授课连续高强度播放、大信息量灌输，学生容易疲劳、走神，影响教学效果的问题。创设问题情境应注意以下几个事项：一是创设的情境要吸引学生的注意力，激发学生的学习兴趣

和求知欲；二是创设的情境要使新旧知识结合，要使之产生联想；三是创设的情境要使其产生悬念和疑问，使其原有的知识结构与意向体系产生失衡，再努力去寻找新的平衡。

2. 充分发挥多媒体优势，丰富课堂教学组织形式

课堂教学组织形式是在课堂教学过程中，各种相关要素构成的特定关系。传统课堂教学以讲授法为主，在多媒体环境下可以充分利用多媒体进行小组学习和合作学习等多种教学组织形式。

以小组教学为例，教学开始之前教师需做好分组等组织工作，并且利用多媒体呈现教学中将要解决的问题。在教学过程中，引导各小组成员之间的相互配合与协作，通过讨论小组成员达成共识，提出该组认为合理的表达方案，其他小组可进行评议，找出彼此的不足，并说明理由。教师在充分肯定各小组的成绩时，根据讨论和辩解中暴露的问题，抓住契机，进行评析，指出错误和缺陷，并用多媒体展示教师的方案，再让学生比较师生方案的不同，哪种方案更合理，说出原因，并思考是否有多解。这种教学策略不仅加深了学生对知识的理解，培养了其实践操作能力，而且发展了学生的批判性思维和竞争与合作的精神。同时，教师通过对各种见解进行梳理、评析和归纳总结，从中引导学生探究知识间的内在关系，认识知识对解决现实问题的意义，从而把握重点、突破难点，在理论联系实际的过程中构建内容与方法相统一的知识结构体系；在教师的点拨下，学生通过观摩和评析其他同学的学习情况，回顾自己的学习过程，进行思考、鉴别、消化和实践，感悟升华，实现自主建构，完成学习任务。

三、多媒体环境下的高中地理教学案例研究

下面介绍的是多媒体环境下利用 PowerPoint 软件设计的《大规模的海水运动》的教学案例，选取了辽宁省铁岭市昌图第三高中崔国锋老师的一堂课作为研究对象，课件封面如图 5-4 所示。

图 5-4 《大规模的海水运动》课程的主界面

下面对整个课程的框架结构以及实现的功能进行详细说明

1. 使用 PowerPoint 制作的教学课件辅助教学，可以通过声、光、色及动画等多角度来刺激学生的感官，又通过画面中字体的大小、颜色、格式的变化，文字进入的不同方式等效果来集中学生的注意力，激发他们的学习兴趣，充分调动学生的学习积极性，加深学生对所学知识的理解与记忆，使原本抽象枯燥的学习内容变得丰富有趣，动画效果如图 5–5 所示。

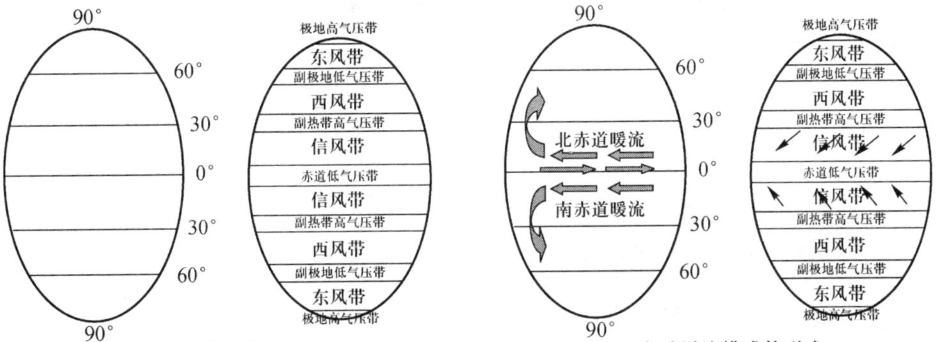

全球洋流模式的形成　　全球洋流模式的形成

a　　b

图 5–5 《大规模的海水运动》课程文字飞入效果图

2. 利用 PowerPoint 课件可提高课堂时间的利用率，还可以加大课堂知识容量，增添授课内容，使学生的知识面得到扩展。例如，在本堂课上，学生对一些历史事件比较感兴趣，因此，在导入新课时，选取有关洋流对地理环境和人类活动的影响等重大事件来吸引学生的注意力，提高学习兴趣，见图 5–6。

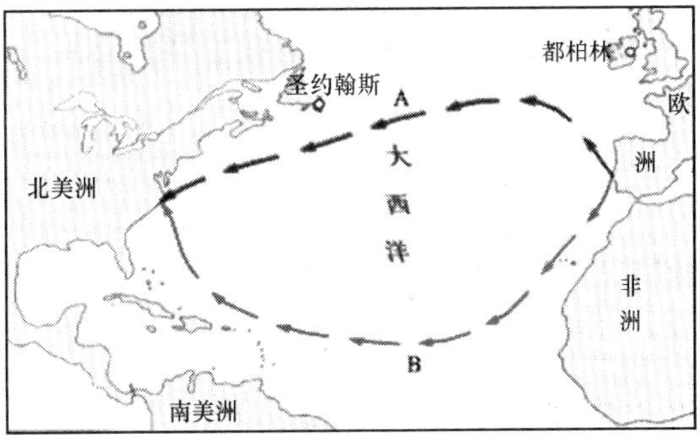

哥伦布有两次去往北美新大陆时，选了不同的航线，其中走 A 航线用时 37 天，走 B 航线用时 22 天，两次航行为什么相差 15 天呢？

图 5–6 《大规模的海水运动》课程知识导入图

3. PowerPoint 课件能够让教学内容变得形象直观，图文并茂，易于学生接受。使课堂气氛更加活跃，加深巩固教学内容，让学生感受到学习的喜悦，寓学于乐。学生经过图、文、声、色的共同刺激，各种感官都处于最佳状态，从而使教学结构更合理，提高了教学效率，见图 5–7。

4. PowerPoint 课件具有超链接功能，它将教学过程的某个教学页面快速的切换至另一个与之相关的页面。可包含文字、图片、音频、视频等，把这些教学内容相关的教学资料有机地组织在一起，对课堂教学、课外复习或自主学习都有极大帮助。如图 5–8 所示。

5. 人机交互、立即反馈是 PowerPoint 的一个重要特点，多媒体计算机进一步把电视机所具有的视听合一功能与计算机的交互功能结合在一起，产生出一种新的图文并茂的人机交互方式，并且可以立即反馈。这种交互方式对于教学过程具有重要意义，它能够有效地激发学生的学习兴趣，使学生产生强烈的学习欲望，从而产生学习动机。在整堂课的最后，可以让学生在 PowerPoint 上完成形成性测验，帮助学生巩固所学知识。如图 5–9 所示。

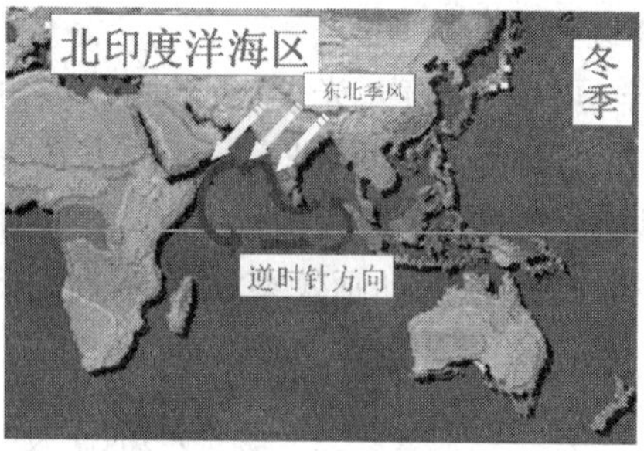

图 5-7 《大规模的海水运动》教学内容对比图

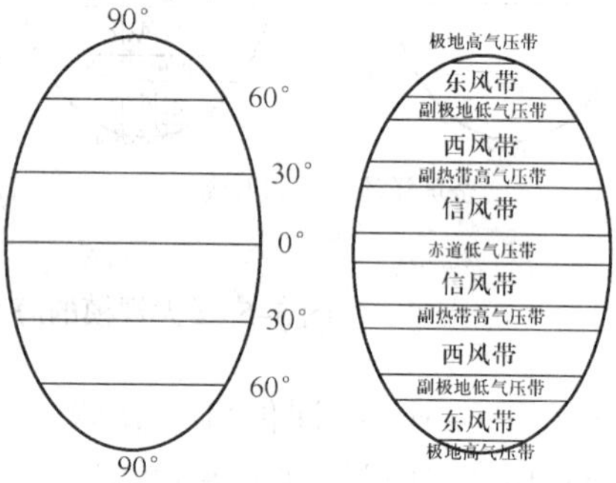

图 5-8 《大规模的海水运动》超链接图

下图为太平洋 30°N 海区绘图并回答问题：

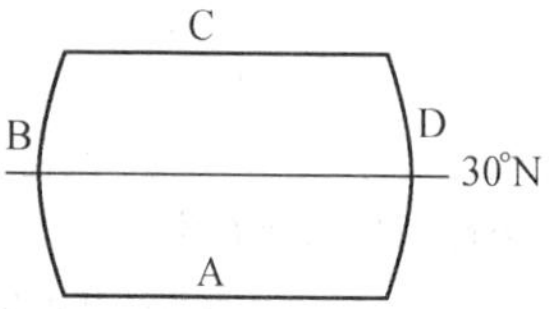

(1) 用箭头画出洋流流向。

(2) 写出字母所示的洋流名称：

A.________ B.________ C.________ D.________。

(3) 图中风海流的是____。属于暖流性质的是____。

下图为太平洋 30°N 海区绘图并回答问题：

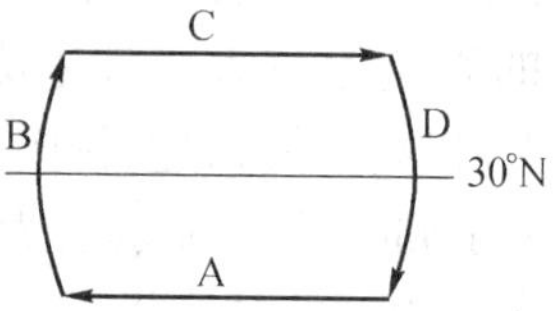

(1) 用箭头画出洋流流向。

(2) 写出字母所示的洋流名称：

A. 北赤道暖流 B. 日本暖流 C. 北太平洋暖流 D. 加利福尼亚寒流

(3) 图中风海流的是____。属于暖流性质的是____。

图 5-9 《大规模的海水运动》课程形成性测验

活动建议

针对您在教学中的难点，结合多媒体教室的教学功能，提供几种解决问题的方法？

____

____

____

反思总结

多媒体教室环境下的讲授课教学跟传统教室环境相比，有何不同？

____

____

____

____

____

第三节　交互式多媒体环境下的高中地理教学

学习目标

☆ 列举出交互式多媒体教室的系统构成
☆ 阐述交互式多媒体教室的教学特点和功能
☆ 举例说明交互式多媒体环境下的高中地理教学模式与策略

1991 年，加拿大 SMART 技术有限公司研发的第一块具有触摸互动、即时信息共享和团队协作功能的交互式电子白板问世，揭开了交互技术促进教学变革的新篇章。

配备了交互式电子白板的教室可以称为交互式多媒体教室①，它是介于多媒体教室和人手一机、联网的计算机教室之间的交互式教室，构造出一个大屏幕、交互式的信息化教学环境。部分专家甚至认为“交互式电子白板将替代黑板成为未来课堂中信息技术与学科课程教学整合的主流技术，成为中小学课堂教学信息化基础设施建设的首选技术，成为中小学未来教室设计施工的标准”②。交互式多媒体教室的实物图如图 5-10 所示，系统结构图如图 5-11 所示。

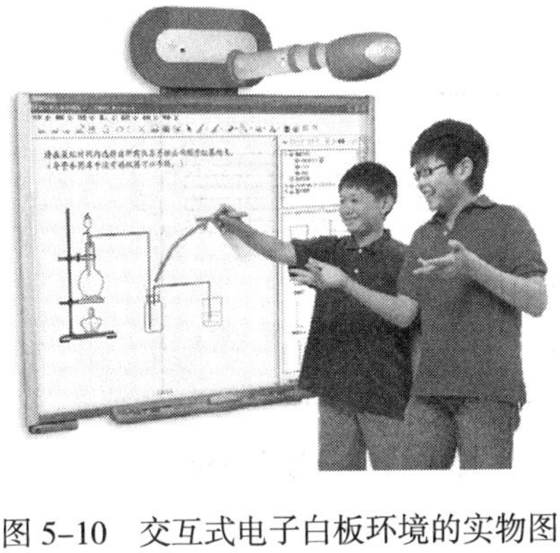

图 5-10　交互式电子白板环境的实物图

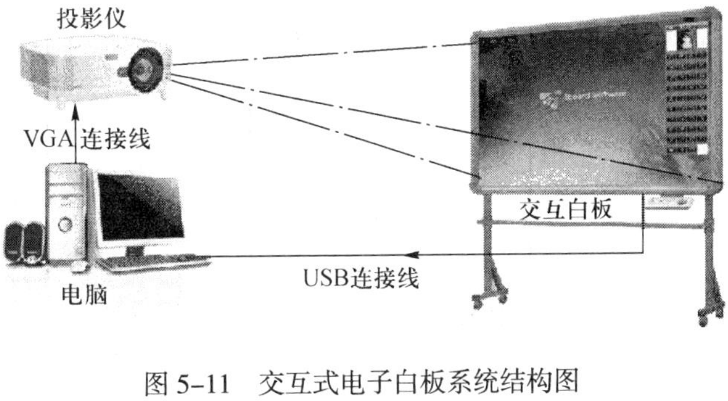

图 5-11　交互式电子白板系统结构图

① 潘克明 . 三思交互式电子白板的功能作用、应用方法与评价[J]. 中国电化教育，2010(10)增刊。

② 丁兴富 . 基础教育信息化的突破口：从校校通到班班通[J]. 电化教育研究，2004(11)：8-12。

一、交互式多媒体教室的系统结构

（一）硬件系统

1. 交互式电子白板

交互式电子白板是系统的主体，它既是感应笔书写与操作的界面，又是计算机的显示器和投影仪的幕布。感应笔具有书写笔和计算机鼠标双重功能。当感应笔在白板上书写或操作时，利用电磁感应、红外扫描等定位原理，通过白板与计算机之间的反馈线将数字信息输送到计算机中，并通过投影仪投射到白板上显示出来，从而实现交互白板的各种操作。

目前市场上主流的电子白板品牌有加拿大斯马特（SMART）、英国普罗米修斯（Promethean）、深圳巨龙（IPBOARD）以及鸿和科技（Hite vision）等。在每个品牌下，依据实现精确定位的原理不同，又分为红外电子白板、电磁感应电子白板、压力感应电子白板和超声波电子白板等不同类型。各种白板具有不同的特点，需根据实际情况灵活选用。

延伸拓展

交互式电子白板主流技术的比较[①]

从硬件原理上说，交互式电子白板融合了大屏幕投影技术和精确定位测试技术等。依据其精确定位测试技术的原理不同，可以将交互式白板分为压感式、电磁感应式、红外式和超声波式几种。

一、压感式白板

这种白板在两层涂覆了导电材料的薄膜中间设有一层气隙，如图5-12所示。当用手指或电子笔在外层薄板板面上施加压力后，将会导致这两层薄板接触造成短路，从而使系统检测到这个点的位置。

其优点是定位相对准确；无需专用笔，可做触摸操作。缺点是板面怕划伤或击打，一旦有划伤就不能使用；无意识接触易误操作影响正常使用；响应速度较慢且无法制作超大面积的白板。

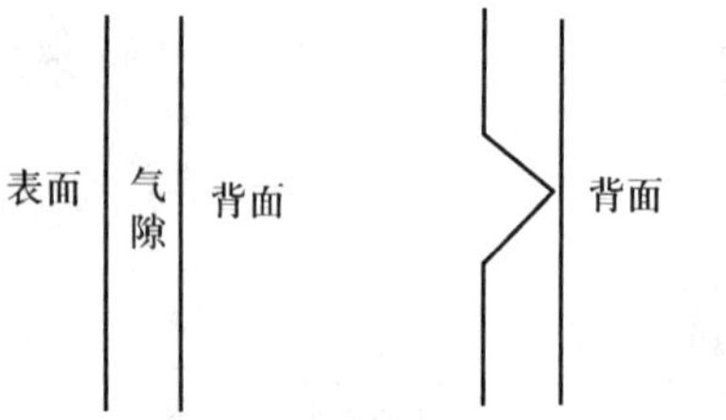

图5-12 压感式白板

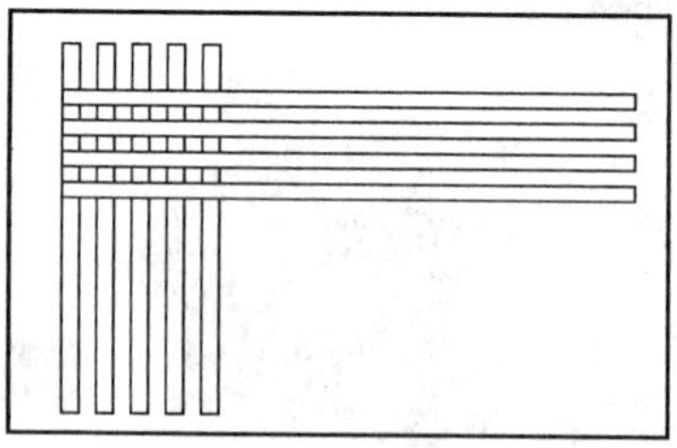
图5-13 电磁感应式电子白板

① 王陆．交互式电子白板与教学创新［M］．北京：高等教育出版社，2009.12，有修改。

二、电磁感应式电子白板

电磁感应式电子白板采用一支可以发射电磁波的电子笔，以不同频率发射电磁波。当这支笔靠近内置于白板内部的由水平和垂直两个方向排列而成的接收线圈时，电子笔发射的电磁波会在若干接收线圈中产生不同的感应电动势，根据水平方向和垂直方向各个不同线圈所感应的电动势，按照特定的算法，就可以获得电子笔所在的 X 坐标和 Y 坐标的精确位置，如图 5–13 所示。

其优点是定位相对准确、操作灵敏；书写过程中有压感，即根据书写的轻重不同，笔记的粗细会不同；电子笔能完全实现鼠标功能，制作成本较低并支持双笔功能；结实耐磨，不易损坏和误操作，更适合学校使用环境。缺点是必须使用专用笔才能书写，不能做触摸操作。

三、红外感应式电子白板

红外感应式电子白板由弥补在白板显示区四周的红外接收与发射对管形成水平和垂直方向的扫描网格，如图 5–14 所示。当有可以阻挡红外光的物体阻挡住网格中的某对水平和垂直扫描线时，就可以通过被阻挡的红外线位置精确定位 X 坐标和 Y 坐标，实现坐标定位。

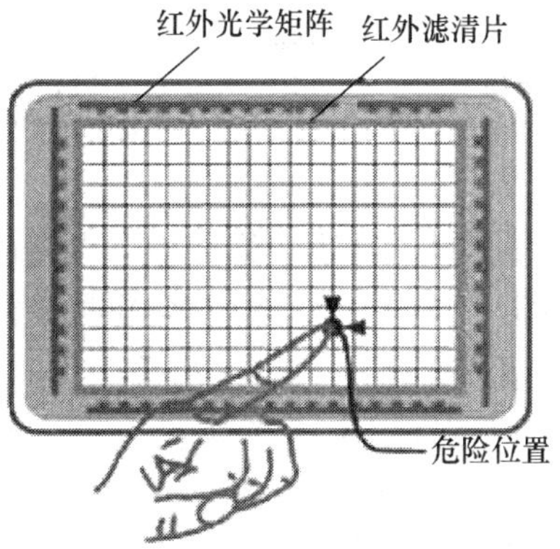

图 5–14　红外感应式电子白板

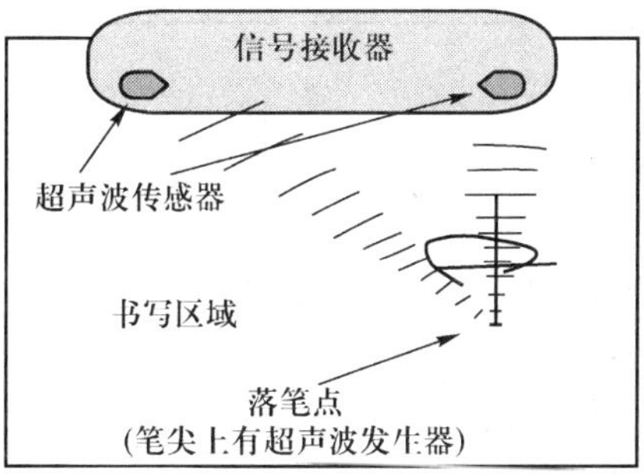

图 5–15　超声波式电子白板

优点是无需专用笔，可用手指、教鞭等进行书写或触摸操作；白板版面不怕划伤，即板面有任何划伤也不影响操作使用；反应速度较快且造价较低。缺点是定位精度不高；不能完全模拟鼠标；无压感反应；可能受强光的干扰。

四、超声波式电子白板

此种白板采用三点定位原理及测距定位模式。超声波式电子白板在屏幕的一边放置两个按固定距离分布的超声波接收装置，用于定位的电子笔实际上是一个超声波发射器，如图 5–15 所示。当电子笔在屏幕的表面移动时，所发射的超声波沿屏幕表面被接收器检测，由收到超声波的时间可以换算出电子笔在两个接收器的距离，即已知了三角形的三个边长，从而可以确定电子笔所在的顶点位置。

其优点是可以在不同面积尺寸的白板上使用，适用性强。缺点是定位精度不均匀；受温度影响较大；需要专用电子笔书写。

2. 计算机

与白板相连的计算机没有特殊的要求，台式机或笔记本都可以。其硬件配置和软件配置可以参照普通多媒体教室中的计算机装配。例如深圳巨龙电子白板支持的配置如表5-1所示。

表5-1 深圳巨龙电子白板支持的配置

	支持配置	最低配置	建议配置
硬件配置	Pentium Ⅱ 450 MHz	Pentium Ⅱ 450 MHz	Pentium Ⅲ 800 MHz 或更高
	128 MB RAM	128 MB RAM	256 MB RAM
软件配置	Windows 2000、XP、Vista	Windows 2000、XP	Windows 2000、XP
	Microsoft Internet Explorer 6.0 或更高	Microsoft Internet Explorer 6.0	Microsoft Internet Explorer 6.0 或更高
	Microsoft Office 2000、Microsoft Office XP、Microsoft Office 2003 或更高	Microsoft Office 2000	Microsoft Office 2000、Microsoft Office XP 或更高
	Adobe Reader 6.0 或更高	Adobe Reader 6.0	Adobe Reader 7.0 或更高

3. 投影仪

投影仪是构成交互式电子白板环境另一重要设备。虽然普通投影仪也可以完成投影屏幕的任务，但由于投影仪离白板太远，会出现两个主要问题：一是操作者会受到投影仪强光刺眼的干扰，长期会对视力造成较大损伤；二是操作者在白板上进行书写等操作时，会受到自身阴影的干扰，无法看清画面。中短焦距投影仪可以较好解决这些问题。

（二）软件系统

交互式电子白板的安装，除了固定电子白板、将白板与计算机、投影仪相连外，还需要安装配套的驱动程序及应用软件。在实际教学中，交互式电子白板除了具备以即时书写为代表的交互功能以外，更主要是实现了对教学资源的灵活处理和应用。

通常，交互式电子白板自身内置了较丰富的资源库，如背景库、注释库、页库、链接库等，其内容丰富、领域广泛，并且允许用户任意添加或删除。借助资源库功能，教师可以在授课过程中随时调用所需资源，克服了多媒体投影系统下教学材料高度结构化和固化的问题。例如巨龙电子白板的资源库界面及部分素材，如图5-16所示。

此外，一些信息化程度较高、交互式电子白板应用较早的欧美等发达国家都非常重视电子白板的网络资源建设。英国政府出资建设了英国国家白板网（http://www.nwnet.org.uk），提供电子白板相关知识信息、学习资源、应用案例和互动交流等功能、服务。英国交互白板资源网（http://www.iwb.org.uk/）、普罗米修斯交互白板社区（http://www.prometheanplanet.com/）等都是比较出色的交互白板网站。我们国家随着白板的普及和应用，也在积极建设自己的白板资源网。图5-17是巨龙公司的电子白板网站。教师可以在其中找到更多适用的教学资源。

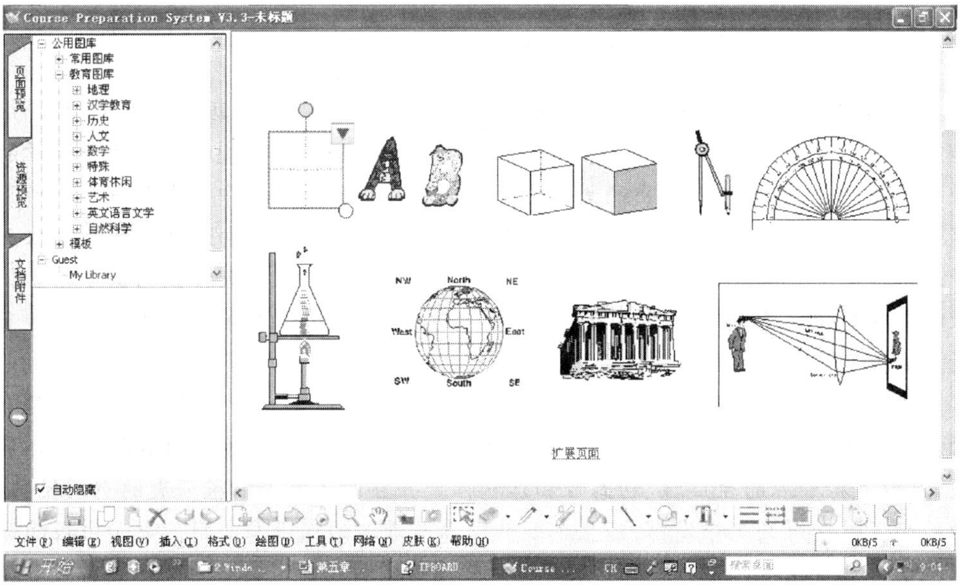

图 5–16　巨龙电子白板的资源库界面及部分素材

图 5–17　巨龙公司的电子白板网站

延伸拓展

电子白板的资源应用观①

在我国基础教育信息化建设的过程中，有一种奇怪的现象：在国家投入大量人力、物力和财力建设教育资源的同时，几乎所有的中小学教师仍然感到能够直接用于教学的优质资源严重匮乏，而已经开发出的教育资源在实际教育教学过程中并未取得人们所期望的显著效果，研究学者将其称为“资源悖论”（孙洪涛，2006）。产生这种问题的根本原因在于人们对于资源的根本认识与看法，即使用者的资源观。王陆教授认为需要树立新的资源观来改变这种局面，即资源的生成性、资源动态性、资源的建构性、资源的交互性和资源的主体性。

交互式电子白板中的资源建设与应用体现了新资源观下的资源的多种特性，具有明显的 e-learning2.0 特征。电子白板以一些固有的资源为基础，通过使用者的灵活拓展与应用，可以支持资源的生成性、动态性和建构性。并且由于电子白板强大的交互性，使用资源的交互性也得到充分发挥，师生都能共同参与资源的建设与应用。电子白板的资源管理包括针对多媒体资源的文件管理与目录管理等多种功能。其资源库一般都采取素材式、可视化和开放性的管理机制，能够有效支持教师灵活运用其中的资源，实现课堂教学中的动态教学设计。

二、交互式多媒体教室的教学功能

交互式电子白板以“触摸屏＋传统黑板＋素材库＋特色功能”为基本特征，体现的是“多媒体课件＋板书批注”为主要功能的设计理念，对于优化多媒体课堂的教学过程和教学质量提供了有效支持。其主要功能可以分为以下三个层次：

（一）具有传统黑板的功能

教师可以把交互式白板作为一块普通的黑板使用，将要讲解的内容通过电子笔书写到交互式电子白板上，也可以使用不同颜色的“笔”和“电子板擦”等工具进行板书的美化、加工和涂改等。交互式电子白板还支持使用者在多种格式文件上进行画批写注。除此之外，交互式电子白板还具有自动记录与回放功能，可以将教师的板书过程全部记录下来，并在应用软件的支持下实现板书回放，以更好地支持识字课、头脑风暴讨论法等教学模式。

（二）具有“计算机＋投影仪”的多媒体教室功能

交互式电子白板环境是多媒体教室环境的一种，可以实现“计算机＋投影仪”的全部多媒体教室功能。如教师可以将多媒体资源呈现在交互式电子白板上，这些资源既可以是教师提前准备好的 PowerPoint 课件，也可以是存储在计算机中的其他数字化多媒体资源。但与普通投影幕布显示资源的方式不同，在白板环境下，教师可以通过即时屏幕点击的方式进行多媒体资源的播放。这样，一方面可以将教师从“固定”在计算机边进行各种操作回归到课堂中，恢复了言语和肢体语言对于学生理解所学内容的作用。另一方面，也减少了教师来回走动于大屏幕和计算机之间的辛苦，更避免了对学生注意力的干扰。

① 王陆．交互式电子白板与教学创新［M］．北京：高等教育出版社，2009．12。

延伸拓展

多媒体大屏幕投影的缺陷

多媒体大屏幕投影在带来多媒体教学、改善教学效果的同时，仍有许多难以克服的缺陷。

首先就是缺乏交互性控制。即教师在屏幕前讲授时不能对投影在大屏幕上的内容有任何控制，只能回到主控台前对计算机进行操作把幻灯讲稿翻至下一页。因此，教师只能在屏幕和主控台之间来回走动，分散学生注意力，或是始终端坐在主控台前操作计算机，影响教师身体语言的发挥和与学生的充分交流。

其次是内容固定，缺乏灵活性。即大屏幕投影系统只能演示预先组织设计好的、高度结构化、固定化内容，教师授课时不能针对学生情况随机地编辑加工或增减，不能及时引进多样的信息。这不仅影响了教学效果，而且影响了教师的即兴发挥。

再次，大屏幕投影的大容量演示内容加重了学生的笔记负担。很多学生只顾埋头记笔记而无暇思考；此外，在很多的多媒体教室中，黑板和大屏幕是互相遮挡的，二者不能同时使用。

大屏幕投影系统的上述缺陷，使得很多教师产生了怀疑、甚至抵触的情绪。大屏幕投影系统常常被弃置不用，这不仅是对学校设备和资金的浪费，更严重阻碍了教育信息化的进程。三尺讲台成为教育信息化进程中最后也是最难攻克的一块领域。

由此可见，多媒体大屏幕投影系统并不能完美地实现信息技术和日常课堂教学整合。在教育信息化的浪潮中，学校的课堂教学迫切地需要一种能集黑板和多媒体投影之所长而又无其所短，既能方便地引入和呈现数字化信息资源又能根据需要随时增减调整内容，既能充分发挥教师的主导作用和个人魅力，又能增强师生参与和互动的新型教学设备。交互式电子白板的出现，为这一目标的实现带来了希望。

(三) 交互式电子白板的特殊功能

交互式电子白板的一些特色功能，如交互控制功能、记录存储功能、资源管理功能等在前文已有所提及，这里重点介绍一些特殊功能。

1. 强大的书画功能

电子白板提供了多种性能的输写笔，用户可用书写笔或手指直接在显示屏幕上进行书写、标注、绘图和任意擦除。如巨龙白板提供了普通笔、毛笔、荧光笔、排笔 4 种笔形选择，并允许用户随意调整笔的粗细和颜色，以书写不同风格、大小和颜色的线条。其中普通笔具有书写整齐平滑特点，适合字母、数字书写，也适用于圈、画。毛笔是根据中国书法特点开发的笔形，能实现毛笔书写效果，便于书写田字格方块字。在选择荧光笔时，可以自由更改其透明度，适用于标注、突出重点内容。排笔是一种具有“立体”效果的美术笔形，适用于书写英文、蒙文、新疆文字、阿拉伯文字等，其效果如图 5-18 所示。

利用电子白板的“智能画笔”功能，可以直接在白板上画出各种规范的圆、直线、矩形等图形，如图 5-19 所示，

2. 强大的教学功能

电子白板能够兼容多种常见的教学软件，如：PowerPoint、Word、Excel 文档及各种格式的

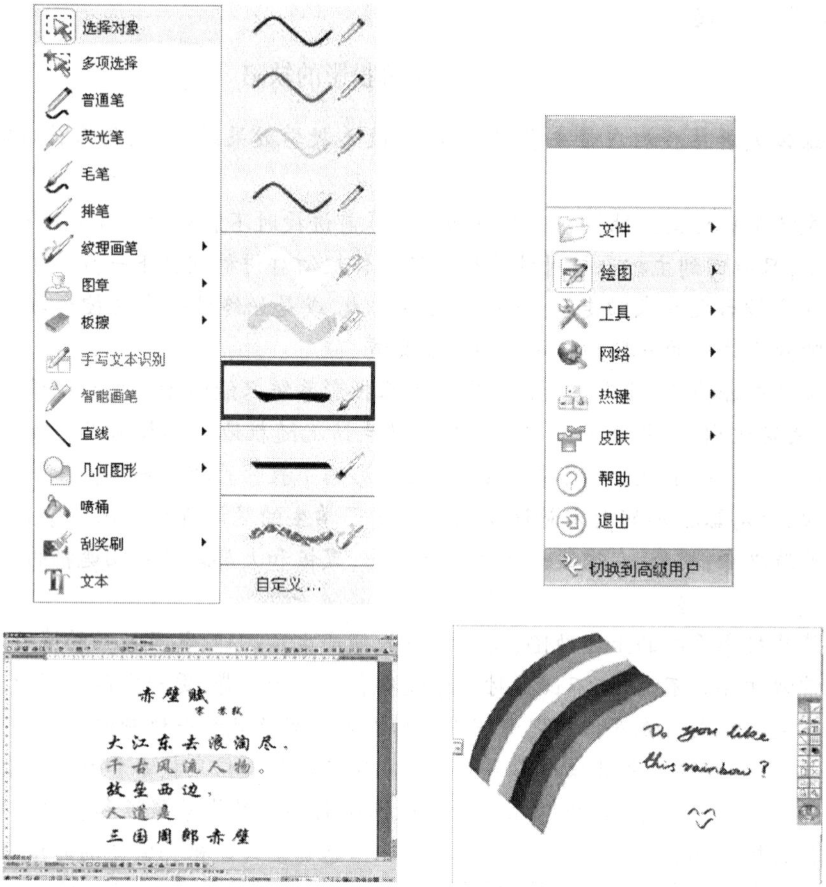

图 5–18　书画功能效果图

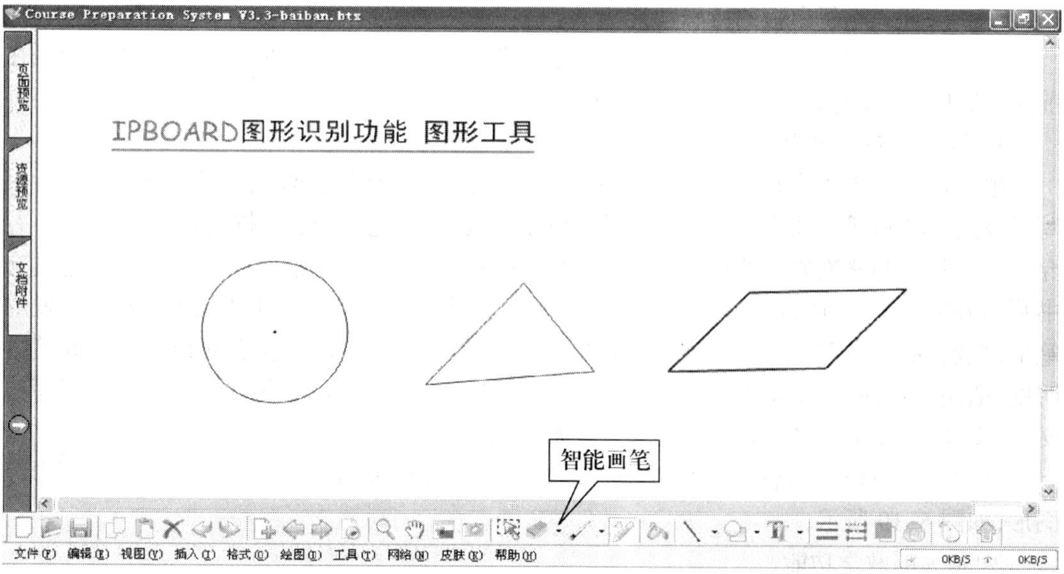

图 5–19　电子白板的“智能画笔”功能

图片、视频，方便用户调用其资源库。其中编辑功能可以对每一个对象进行编辑，包括复制、粘贴、删除、组合、锁定、图层调整、平移、缩放、旋转等。链接功能支持文本的超链接，以便链接到其他页面或应用程序，也可以利用超链接添加声音和视频文件等，极大地丰富了课堂内容，同时保证了教学环节的连贯性。

如教学内容为请学生将打乱顺序的故事环节图重新排序。运用编辑功能可实现调用图片库中的图片文件，进行拖拽、缩放调整、复制、粘贴、删除等操作，最终形成连环画的样子，供学生复习使用。

3. 多种辅助功能

交互式电子白板提供了多种辅助教学功能。其自带的常用电子教具，如数学教学中的直尺、量角器工具等，可以方便地用于图、测量、角、扇形等知识的教学过程中。

如聚光灯、放大镜、遮屏、刮奖刷、计时器等，不仅可以使基于电子白板的教学具有特殊的视觉效果，也可以有效地支持课程教学策略的实施。

(1) 聚光灯

通过对聚光灯进行拉伸、缩放和移动，可以对需要突出的内容做重点显示，同时屏蔽其他内容，有利于激发中小学生的兴趣并提高他们的注意力。部分品牌的交互式电子白板可以选择聚光灯的形状，如圆形、三角形、方形、五角星等，还可以选择聚光灯的背景色彩和图片以及背景明暗度等，如图 5-20 所示。

图 5-20　聚光灯效果图

(2) 屏幕幕布

利用屏幕幕布，可以对屏幕上的内容进行暂时遮蔽，留出有针对性的信息供演示，随着幕布展开逐步显露信息，方便教学课件的演示。幕布方向有四边拉幕、上下对开拉幕、左右对开拉幕等。部分品牌的电子白板可对拉幕的背景色彩和图片、背景明暗度等进行修改、记忆和恢复设置。

(3) 放大镜

可以随意将选定区域放大或缩小，看清重点部分。例如在 PowerPoint 课件呈现的动物组图中，蚂蚁、蜜蜂和蝴蝶相对于其他动物较小，在电子白板中可以通过放大镜功能将其放大，使学生可以清楚地观察到，如图 5-21 所示。

图 5-21　放大镜效果图

4. 网络共享、远程交互功能

交互式电子白板一般内置了网络浏览器，师生在进行课堂教学时，不必退出白板工作界面就能随时上网。交互式电子白板还可以通过网络进行视频、音频等信息的传送，实现资源共享和远程交流，不仅可以加强班级之间、学生之间的交流合作，同时在远程教学、在线培训、远程视频会议等方面也大有用武之地。

作为一种变革性的教学手段,交互式电子白板补充了从演示型多媒体教学到网络条件下的个别教学之间的空白,更加适应教学需求,促进了课堂教学方式的改革,具有独特的优势。

作为一种"既能体现数字化信息技术多媒体特征,又能体现新课程改革以学生为中心核心思想"的新媒体,交互式电子白板的核心在于"交互"二字,这是其最大的魅力所在,也是实现新技术推动教育创新的关键。

在交互式多媒体教室环境中,一方面可以保持传统课堂中教师与学生间的有效交流,另一方面可以延续多媒体课堂中丰富媒体信息对于学习效果的影响,更重要的是,可以通过增加学习者与媒体之间有效互动,提高有意义学习的效率和质量。其教学系统结构如图 5–22 所示。

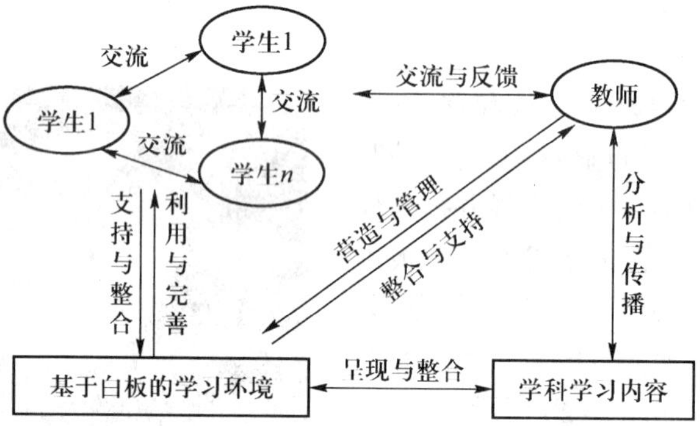

图 5–22 教学系统结构

三、交互式多媒体环境下的高中地理教学模式与策略

交互式电子白板是电子感应白板及感应笔等附件与白板操作系统的集成,是计算机技术、微电子技术与电子通讯技术的融合,由此成为计算机的一种输入输出设备,成为人与计算机进行交互的智能平台。它集书写、记忆、储存、控制、演示以及打印等功能于一体,具有良好的兼容性和实用性。教学中的交互式电子白板是一组媒体组合,其核心组件是电子白板、投影仪和计算机,三者循环相连,感应笔、打印机和存储器是该组合中的重要附件。其中,电子白板是系统的主体,它既是感应笔书写与操作的界面,又是计算机的显示器和投影仪的幕布。感应笔具有书写笔和计算机鼠标的双重功能,即笔尖可以在白板上书写,用笔尖单击和双击白板可以直接控制计算机,而不必通过键盘或鼠标,使用起来方便快捷。计算机显示屏上的内容可以通过投影仪投射到白板,从而实现交互式电子白板的各类基本操作。

(一)交互式多媒体环境下的高中地理教学模式

1. 创设情境,提出问题

老师在课堂上利用电子白板打开相关的教学软件、课件、资源库等,把与教学相关的声音、图片、动画、文字、视频等展示给学生,适时地创造学习情境和氛围,把学生的学习注意力有效地吸引到课堂上。电子白板笔的便捷使老师从电脑前解放出来,在讲解和操作上都更方便。教师通过白板提出问题或学习任务，适当地运用电子白板的“探照灯”进行重点部分的强调，可较好地引起学生的注意，学生在思考过程中也会特别留意老师强调的部分问题。问题的提出，有利于激活思维，指导学生有方向地思考和寻找相关的资料。

2. 探究新知，互动交流

学生根据老师的问题通过小组合作、伙伴合作、独立思考等形式积极地寻找“答案”，如果在网络室，老师还可以让学生通过互联网进行更深入的探究。在探究新知过程中，老师可以通过电子白板呈现相关的资料以便更好地指导学生进行有效的探究。老师在讲授新知的过程中，也可以通过利用电子白板的画笔、毛笔、荧光笔、放大镜、复制、拍摄等功能进行重难点的教学。老师可让学生在电子白板上以注解、板书、画图、列表、圈画等形式进行汇报交流，电子白板的功能在这个环节的使用大大方便了学生的学习，使得学生汇报和交流的兴致更高。而学生在白板上的学习成果和反馈的信息，则成为很好的生成性学习资源，老师还可以把这些生成性资源随机地保存在电子白板中以方便学生进行系统的知识整理。

3. 解决问题，归纳小结

学生通过阅读、讨论、网络探究、自主思考、汇报交流等形式，逐步解决了老师提出来的问题和学习任务，老师可以在电子白板上把解决问题的方法和要点写在白板上，并且进行保存以方便老师和学生的课后整理和复习。

4. 知识运用，评价反馈

学生在掌握了解决问题的方法基础上，我们可以通过适当的练习让学生进行当堂的运用以便及时地进行巩固，同时也有利于老师及时了解学生的掌握水平。而老师对学生的练习的评价反馈，学生对同伴的练习进行的评议，对进一步地指导学生更好地、更准确地掌握方法，理解知识很有帮助。这个反馈过程可以口头评价、可以网络点评、可以利用电子白板进行集中的点评。

5. 课外学习，拓展延伸

为了进一步提高学生的学习能力，我们适当地布置课外的学习任务或探究任务，让学生学以致用，培养学生的创新能力。

（二）交互式多媒体环境下的高中地理教学策略

交互式电子白板由于具有清晰的可视化界面、便捷的操控方法和灵活的交互功能，正逐步受到了教育工作者的青睐。一方面，电子白板的即时操作和显示功能不仅节省了教师的授课时间，而且容易激发其教学灵感，一扫课堂的沉闷气氛；另一方面，电子白板生动、形象的展示效果可以提高学生的兴趣和注意力，吸引他们积极参与课堂讨论。正是由于这些特点，很多中小学都将交互式白板引入到课堂中作为常规的教学工具，任课教师也纷纷展开各类针对交互式电子白板的教学研究活动。但是，交互式电子白板作为一种技术工具，它自身并不能帮助学生学习。要提高教学质量，不能只关注技术本身，关键还是要研究如何用好白板，设计好课堂教学的应用策略。

1. 促进学生主动学习

传统的课堂教学基本是以教师的讲授为主，学生则相对比较被动。虽然我们意识到学生主动学习的重要性，但是长期以来缺少有效的实施策略，而交互式白板却正是一种促进主动学习的工具。在基于交互式电子白板的教学环境中，教师可以将学习的主动权“下放”给学生，让学生主动表达自己的思想，即使是不成熟的想法也可以大胆地表达出来，供给所有的同学讨论。教师应尽量避免将已经成型的原理或方法直接灌输给学生，而应该以学生为主体，将白板的使用权交给他们。教师由“点击”者转化为“点拨”者，从电脑操作中解放出来，直接面向学生，和学生进行面对面交流。

2. 创设合适的情境

利用交互式白板创设情境，可以向学习者提供真实的任务，使其在解决真实性问题的过程中主动地建构知识。这种情境对于学生掌握知识、处理实际问题是很有帮助的。交互式白板由于集呈现和交互的功能为一体，使创设的情境更加生动。对于低年级的学生而言，丰富的视觉刺激可能会使他们保持较高的兴奋度。交互式白板本身带有进行标注、书写和各种人机交互操作以及一些特殊功能（如拉幕、探照灯、遮屏显示），教师可以利用这些工具以引起学生的视觉期望，并使其注意力能保持在一个较高的水平。当然，我们也可以设计一些交互性的动画或小游戏，促进学生的课堂互动。

3. 整合应用各种功能

教师要有意识地选择和发掘电子白板的各种功能，不仅要会利用白板简单地播放图片、视频或课件，还要充分利用它特有的功能。如随意连接、拖动、旋转和摆放各种实验器件；即时让视频或动画停止播放；在静止的画面上进行批注；对实验现象不太明显的部分，可以用放大镜功能进行局部放大，便于观察；对需要引起重视的部分，可以用聚光灯照亮，避免教学画面中的其他干扰信息，使学生注意力更加集中等。

例如，某教师在地理课的教学中，利用屏幕阴影功能将空白图和已填注的地图分别放在白板的上下或左右，将填注好的图用阴影遮住，让学生在空白图上填注，然后拉开屏幕让学生对照。利用放大镜功能，将局部地区放大，能使局部地区显示得更清楚。在教学中有些地图中的地理事物比较小，可以用放大镜功能将地图的局部放大，便于学生观察。聚光灯功能则被用于使屏幕其他部分变暗，只在需要的地方变亮。在教学中对需要引起学生注意的局部地区可以用聚光灯照亮，引起学生的注意。浮动面板功能则仿佛在电子白板上加了一个浮动而透明的面板，在这个面板下面的图形、文字等是可以透明显示的。在这个面板上师生可以写、描、画。如讲解线状地理事物如黄河各河段的特点时，过去用演示文稿或Flash动画时，必须预先让黄河河道变粗，再设计黄河从上游向下游运动的动画，上课时教师点击鼠标，黄河一段一段地展示出来。而用电子白板时，教师可以直接在底图上用彩色笔描出黄河的各河段，可以一边描一边问学生黄河流到了哪个省份，可以一边绘一边注，如有错误还可以立刻擦掉重绘。

活动建议

根据本节内容和你的教学经验，尝试分析交互式多媒体教室中的教学与多媒体教室、计算机网络教室（第6章内容）中的教学有何异同，将你的思考记录在表5-2中。

表 5-2 交互式多媒体教室环境中的教学与其他教室环境中的教学比较

类别		传统教室	多媒体教室	交互式多媒体教室	计算机网络教室
设备构成		黑板 + 粉笔	计算机 + 投影仪	交互式电子白板 + 计算机 + 投影仪	1 台教师机 + 多台学生机 + 投影仪
显示教学内容的能力	显示内容类型	只能显示教师即时用粉笔书写的板书	无书写功能，但可以显示数字化教学资源，演示幻灯片，Word 讲稿和多媒体课件等	既能即时书写文字或手绘图形，又可以展示任何数字化资源	只能用鼠标或键盘进行书写输入，可以同步或异步展示任何数字化资源
	对显示的控制	用粉笔和黑板擦修改分析的书写		很容易，可以标注，改变笔的颜色、大小、粗细，还可以移动位置	
处理教学内容的能力			内容事先制作好，高度结构化，无法对内容做编辑，教师往往照“本”宣科		
存储板书的能力		容量小，不能长期保存			
师生间沟通交流			差，尤其当教师坐于控制台后面时		
使用习惯					

活动建议

您对多媒体课堂中的“交互（互动）”是如何理解的？联系教学实践，您觉得交互式电子白板可以支持哪些“交互（互动）”活动，对于改变高中地理教学模式有何意义？请在此写下您的感受和想法。

____

____

____。

思考与练习

一、名词解释

教学组织形式　讲授教学

二、简答题

1. 简述多媒体教室的系统构成和教学功能。
2. 简述交互式多媒体教室的系统构成和教学功能。
3. 结合自己的体会，分析多媒体教室为高中地理教学带来了哪些帮助？

第6章 计算机网络环境下的高中地理教学

本章概要

本章主要从三个方面介绍了计算机网络环境下的地理课堂教学：首先介绍了计算机网络教室环境，即了解计算机网络教室基本构成及其教学功能；其次，介绍了研究性学习及网络环境下的研究性学习的开展；最后提供了计算机网络教室环境下的地理教学案例研究。为开展深层次的信息技术与高中地理课程整合提供理论指导。

知识结构图

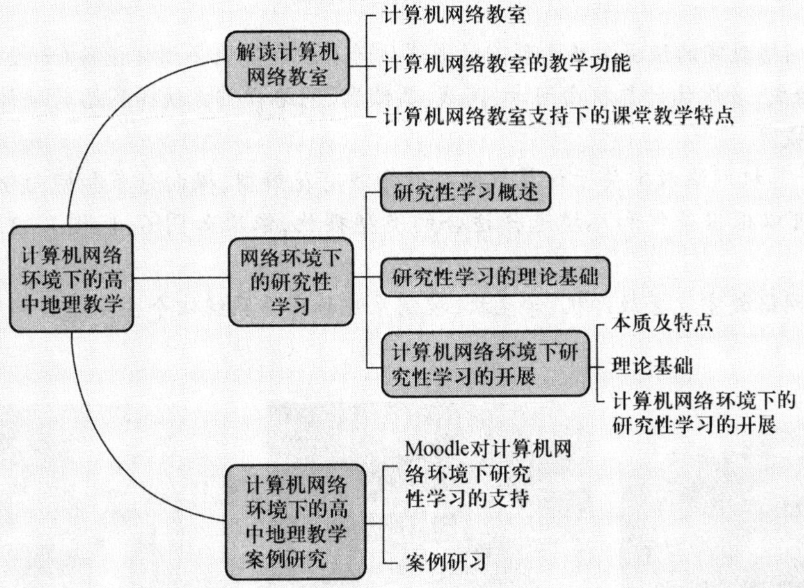

第一节 解读计算机网络教室

学习目标
- ☆ 说出计算机网络教室系统构成
- ☆ 阐述计算机网络教室的教学功能
- ☆ 掌握在计算机网络教室环境下开展课堂教学的模式与方法

计算机网络教室的出现，把学生学习的传统教室，变成信息世界中的一个节点。但很多老师由于习惯了传统的教学方式，反而不适应这种新的教学环境。李老师和其他学科老师一样，虽然对新技术充满尊重和好奇，但是在高考的压力下，让学科教师改变原来已经熟练的教学方法和方式是困难的。

要学习使用计算机网络教室，首先需要了解其教学功能。

一、计算机网络教室

计算机网络教室也称为多媒体网络教室、网络机房等，它兼有多媒体教室、计算机机房，可以支持课堂互动以及开展个别化教学、小组学习等多种形式的教学。

自主阅读

计算机网络教室的组成

计算机网络教室的组成主要由联网的多媒体计算机和其他多媒体设备(如投影仪、扩音设备等)组成，多媒体计算机由网卡、网线、集线器、网络操作系统等网络软硬件形成一个小型的局域网。

目前，计算机网络教室关于计算机的摆放方法有花瓣型、纵向分布和横向分布三种类型，学校可以根据条件和环境选择适合的类型摆放，依次如图6-1、图6-2、图6-3所示。

计算机网络教室包含教师机、学生机、控制系统和资源系统四个主要组成部分，它们缺一不可：

图6-1 花瓣型

图6-2 纵向分布式

图6-3 横向分布式

• 教师机：是教师使用的多媒体计算机。教师机不仅与其他媒体设备相连，而且通过网络设备与学生机相连。教师通过教师机能够组织教学活动，控制教学进程等。

• 学生机：是学生使用的多媒体计算机。学生机通过网络设备与其他计算机相连，既可以访问本地资源，又可以访问外部网络资源。

• 控制系统：控制系统包括控制面板和电子教室（广播软件）。控制面板能够控制各媒体设备之间的切换；电子教室能够实现教学演示、视频广播和集体讨论等教学功能。

• 资源系统：包括辅助备课资源、学科资源库和素材库等。教师和学生可以根据需要随时从系统中调出使用。

网络教室是信息技术与课程整合教学的重要场所和条件保障，为学生开展自主学习、个别化学习、协作学习、研究性学习提供良好的支撑环境。

二、计算机网络教室的教学功能

计算机网络教室的教学功能主要由电子教室系统来实现。这种控制系统可以实现多种功能，如视听教学功能、实时监控功能、控制功能、分组管理功能、交互辅导功能等。

视听教学功能：视听教学与多媒体教室的功能类似。视听教学包括屏幕广播、语音和集体讨论等多种形式，教师将教师机或某台学生机屏幕显示的画面和语音同步播送给学生，可以全体广播，也可以对部分学生广播。

实时监控功能：是指当学生自由练习或自由讨论时，教师可以不离开自己的座位，通过教师机来查看学生的操作情况，从而采取某种手段（如黑屏、强行重启等）对教学过程进行有效的控制，以达到更好的教学效果。

控制功能：教师通过控制功能可以随时对学生机实行键盘封锁、帮助指导甚至重新启动等多种功能，可以提供一对一的教学手段，对学生进行个别辅导。

分组管理功能：包括分组教学、分组辅导、分组讨论等多种形式，教师可以通过分组管理功能将学生编成若干小组，以实现针对单个学生、某个群组或全体进行教学示范、远程教学、分组讨论等操作。

交互辅导功能：交互辅导功能其实是控制功能在课堂中的具体应用形式，通过电子举手、自由讨论，教师可方便地实现对学生的个别辅导、单独对话等，极大地方便了教学。

网络考场：网络考场是传统考场的延伸，它可以利用网络的无限广阔空间，随时随地地对学生进行测试，加上数据库技术的利用，大大简化了传统考试的过程。服务器端对数据库进行管理，客户端通过浏览器登录网络考场。它基于题库操作，能够实现智能自动组卷、自动阅卷和自动分析，大大缩短了考试周期。

视频点播：自动搜索视频服务器和视频节目表单，因采用多级索引结构，用户能够迅速查找喜爱的节目；多人同时点播同一或不同节目，也能流畅观看；提供进度条、总时间和播放时间显示；提供播放、暂停、停止、窗口 / 全屏切换等功能。

遥控辅导：教师可远程接管选定的学生机，控制学生机的键盘和鼠标，对学生远程遥控，辅导学生完成学习操作，进行“手把手”式的辅导教学。在此过程中，教师可以随时锁定或允许学生操作计算机的键盘和鼠标。教师在遥控辅导教学中可实时监视被遥控学生的电脑屏幕,教师在遥控辅导教学中可与被遥控的学生进行双向交谈,遥控辅导的同时可使用电子教鞭功能。

课件点播系统:系统内置的课件点播系统,允许学生点播教师机或服务器上的课件、视频、文本等类型的文件。

提示卡

计算机网络教室还具备电子论坛、消息发送、电子举手、电子抢答、远程命令、本地命令、文件传送、网络影院、远程管理、远程复位、远程关机和系统锁定、电子黑屏等多项功能。计算机网络教室能够实现课堂教学的信息化,是一种受广大教师和学生欢迎的教学环境。

活动建议

利用百度搜索引擎(http://www.baidu.com)查找有关计算机网络教室教学应用的内容,仔细阅读相关资料,深刻理解计算机网络教室对传统教室的超越。写下您的分析结果:

____

____

____

三、计算机网络支持下的课堂教学特点

计算机网络教室彻底改变了以往教学中黑板加粉笔的状况。由于计算机可以安装一定的学习软件,加上互联网上的大量教学信息,所以计算机网络教室可以实现集体授课、协作式学习、个别辅导、探索式学习等多种教学方式。在这些教学方式中,计算机网络教室特别适合以"学生为中心"的教学模式。其主要特点是:

(一) 教学要素的地位发生了变化

在计算机网络教室中,学生可以利用信息技术参与学习活动过程,由书本知识的灌输对象变成了信息加工处理的主体,教师主导下的知识意义的主动建构者;教师由书本知识的拥有者、灌输者和传授者,变成了课堂教学的组织者、指导者,学生建构意义的帮助者、促进者;网络多媒体成为促进学生思维发展的认知工具。

(二) 充分体现了信息技术与课程整合的理念

计算机网络教室中的教学要求教师和学生要充分利用信息技术完成教学任务,更注重学生学习的体验过程,思维的形成过程和知识的应用过程,这充分体现了信息技术与课程高度整合。

(三) 充分发挥教师的主导作用,调动学生的学习主动性

教学是教师和学生共同活动的过程,两者同样重要。在计算机网络教室中,学生处于具

体学习活动的中心，教师则是教学活动的主导者。学生可以利用教师提供的学习条件自主探索、协作学习达到学习目标，教师则对学生的学习过程及过程中的各要素进行控制、指导。

反思总结

如果你们学校已经配置或即将配备这种计算机网络教室，你从心理、知识和应用技能等方面是否已经做好了准备？你觉得它可能为地理教学带来哪些变化？请在此写下你的想法和感受，并与身边的同事或朋友进行交流。

____

____

____

第二节　网络环境下的研究性学习

学习目标

- ☆ 阐述研究性学习的含义
- ☆ 阐述研究性学习的一般过程
- ☆ 说出计算机网络教室环境下研究性学习如何开展

研究性学习是新课标提倡的教学方式并成为高中教学中的一种新型课程，黄老师作为本校骨干教师，在参加省市的教师培训时仔细学习了如何将研究性学习引入高中地理教学中，通过在教学过程中的亲身实践，她认为如果真正能启发学生的探索兴趣，并在适合研究性学习的实验课中开展研究性学习，将对学生加深理解教材及拓宽知识面起到重要作用。

一、研究性学习概述

研究性学习是指学生在教师指导下，从学习生活中和感兴趣的社会科学、自然科学中选择并确定一些小课题的研究专题，以类似科学研究的过程来主动获取知识、应用知识、解决问题，并以个人或小组合作的方式进行交流探索。作为必修课程，学校要有目的、有计划、有组织地让学生通过亲身实践获取直接经验，培养学生的科学精神和态度，掌握科学方法，提高综合运用所学知识、解决实际问题能力。学校要以此为出发点实施以培养创新精神和实践能力为重点的素质教育，作为一种新型学习方法，它关键是要改变教师的教学方法和学生的学习方式。设置研究性学习的目的在于改变学生以单纯地接受教师传授知识为主的学习方式，在于为学生构建开放、探究的学习环境。研究性学习是主要围绕问题的提出和解决的学习方式。

研究性学习以学生的主动发展为中心，其宗旨是培养学生终身学习的能力，就是教会学生如何学习。作为一种新的学习方式，它具有如下特点：

1. “问题”是研究性学习的载体，整个课程主要围绕着问题的提出和解决来组织学生的学习活动。研究性学习是从学生学习生活和社会生活中选择、确定他们感兴趣的小课题进行专题研究，去发现问题和提出问题，可以是教师提供的，也可是学生自己选择确定的；可以是教材内容的扩展和延伸，也可是社会生活、自然现象的探究；可以是理性研究，也可以是实践操作；可以是对学习知识、现象的验证，也可以是对未知知识的探索。总之，学生在解决问题的过程中会涉及多种知识，这些知识的选择、积聚和运用完全以问题为中心。

2. 研究性学习重视研究结果，更看重学习过程和学生在学习过程中的感受和体验。强调调查、观察、实验、收集信息等科学过程的研究，研究性学习不是一种简单的知识教育，而是学生能否对所学知识有所选择、判断、解释、运用，从中有所发现、有所创造。它重视对学习过程的体验。研究性学习的最终目的是让学生通过课程的实施获得对社会的直接感受，培养团队合作和人际交往能力，获取信息分析与处理的能力。从这个意义上说，研究性学习的过程本身恰恰是它所追求的结果。

3. 研究性学习具有开放性和多元性。由于选择确定的小课题大多来自学生学习生活、社会生活，要解决这些课题，教材的知识则远远不能满足，课程的实施大量地依赖于教材以外的信息资料，所以学生学习的途径、方法就不同。学生按自己的兴趣选择和确定研究学习的内容后，在教师指导下可以进行社会调查，查阅资料，可以通过计算机网络获取知识，寻找解决问题的答案。这样学生就处于一种动态、主动、开放、多元、合作的学习氛围中。

4. 研究性学习主张全体学生积极参与，并采用个人与小组合作学习相结合的方式。这是因为小课题专题，多数是复杂综合性的问题，要靠学习伙伴集体智慧、分工、合作与交流共同完成。

5. 研究性学习具有自主性和独立性。在整个学习过程中，教师是组织者、指导者和参与者，当学生选择和确定研究学习的内容后，在教师的指导下，整个课程的内容、方式、进度、实施地点、最后的表现形态等主要取决于学生个人或学生小组的努力。当学生感到背负一种责任时，他的主观积极性便得到极大的调动，自主学习、积极探究就有了积极的内在动力。这样学生真正被置于学习的主体地位，进行自主地探究。

二、研究性学习的理论基础

研究性学习是基于人类对学习活动的不断认识，形成的一种现代教育观和学习观，在教育理论和心理学领域，许多教育家、心理学家都对传统教育学习理论进行反思和批判，其中认知学习理论和人本主义学习理论从科学主义、人文主义的角度，为现代教学模式和研究性学习奠定了理论基础。在学科知识探究的基础上，开设研究性学习，不仅能有效地改变学生的学习方式和教师的教学方法，还促使创新精神和实践能力的培养和发展，使之成为切实可行的学习体验过程。

美国心理学家、教育学家布鲁纳将皮亚杰的认知发展阶段引入课堂、教学中，不断研究发展，提出了认知结构的学习理论。他认为学生的认知发展，虽然受环境的影响，但是主要是遵循他自己特有的认识程序。而教学就是要帮助学生智慧地生长。教师在实施课程计划时，要把知识转换成适应正在发展着的学生的认知形式。布鲁纳提出了发现教学法，他认为，学生在掌握学科的基本知识结构的同时，还要掌握学习该学科的基本方法，其中发现的方法和态度最为重要。所谓发现，不仅局限于前人所发现的经验和发现人类尚未知晓的事物的行为，还包括用自己头脑亲自获得知识的一切形式，也就是研究性学习所提倡的重学习的体验，特别是学习者亲身实践所获得的感悟和体验。

瑞士心理学家皮亚杰以研究认识的结构、发生、发展过程以及心理起源为基础，提出了认知发展的学习理论——建构主义。他研究了儿童思维发展过程，提出认知发展阶段理论和认知发展阶段的一般与特殊的观点。皮亚杰认为学习并不是个体从外部获得越来越多的信息，而是学到越来越多有关他们认识事物的程序，即建构了新的认知图式。小课题研究的研究性学习，以建构主义学习模式为核心，在于通过类似科学研究的方法去探究知识，获得知识、应用知识，在学生的头脑中进行认知图式的重建，不断建构新的图式。这种建构只有在个体积极参与下才有可能有效地进行。

我国教育家陶行知先生最早提出了“教学做合一”的教育思想，对于我们今天的教育教学改革，课程改革都提供了重要的理论根据和具体指导意见，也是我们教育教学、课程设置的着眼点。研究性学习突出的主题就是“做”，即体验科学的过程。具体的教育教学中要用上述教育理论去指导我们现实的教育教学及科学研究，使我们的教与学真正成为科学教育，使学生在“学”和“做”的过程中体验科学研究方法，形成科学思维方式、态度和价值观。

三、计算机网络环境下研究性学习的开展

（一）网络环境下研究性学习的本质及特点

网络环境下研究性学习本质上同研究性学习是一样的，强调通过学生自主探索和研究的过程，发展学生的独立性、自主性和学习积极性，使学生学会学习，培养学生的创新精神、实践能力和终身学习的能力。它较之一般的研究性学习活动而言，更强调网络对研究性学习的支撑作用。网络环境下的研究性学习除了具备研究性学习自主性、开放性、探究性、实践性的特点以外，还具备以下特点：

1. 学习时空开放性

网络环境下的研究性学习可以弥补一般研究性学习在时间和空间上的限制。在一定的环境条件下，经过精心的组织策划，都可以有效地进行，因此在学习的时间和空间上都具有开放性。学习者可以在课堂和课堂以外的时间内进行研究性学习。在研究性学习的空间上，学习者还可以在课堂、实验室或者家里开展研究性学习。

2. 学习资源丰富性

网络环境下研究性学习的学习资源非常丰富，媒体表现形式也丰富多样，如传统的文本、声音、图形、图像、动画。随着网络技术的发展，实时的音频和视频技术也应用到网络环境中，在网络学习环境中可以实时地传送音频和视频，进一步有力地促进研究性学习的开展。

3. 学习信息组织的非线性

网络环境下研究性学习的环境中比较重要的是基于网络的学习。基于网络的学习环境中信息是通过非线性的节点联系在一起的，为学生的个性化学习、自主学习提供了极大便利。每一个节点是一个知识点，从一个知识点可以便捷地跨越到另一个知识点。节点之间可通过链接进行联结。

4. 学习过程网络化

在学习活动中，学习内容不仅仅来自于教科书和教师，学习内容有一大部分是从网络中获取的；学习经验可以通过网络进行交流；学习成果可以通过网络平台发布。总之，学习过程中的各个环节，都可以从网络获得支持。网络环境下的研究性学习强调培养学生

从网络资源中获取素材，自我改造、重组、创造教学内容的能力，培养学生从网络获取资源的能力和习惯。

（二）网络环境下研究性学习的理论基础

同研究性学习理论一样，建构主义学习理论是网络环境下的研究性学习理论基础之一，同时认知灵活性理论以及多元智能理论对网络环境下的研究性学习具有很好的指导意义。

1. 认知灵活性理论

认知灵活性理论是由斯皮罗等人提出并倡导的，作为建构主义的一个重要分支，严格说来是跨于建构主义与认知主义两者之间的边缘心理学理论。认知灵活性理论将知识分为良构知识和非良构知识。良构知识是按照一定规则组织起来的知识，具有较好的层次性。非良构知识则是在良构知识应用中产生出来的，缺乏条理性，具有一定的复杂性。认知灵活理论是一种非常关注复杂和非良构知识的理论，其目的在于促进非良构知识的掌握和高级思维的培养。他们提出的“随机通达教学”认为，对同一内容的学习要在不同时间多次进行，每次的情境都是经过改组的，而且目的不同，分别着眼于问题的不同方面。这种反复绝非为巩固知识技能而进行的简单重复，因为在各次学习的情境中会有互不重合的方面，而这将会使学习者对概念知识获得新的理解。所谓认知灵活性，就是指学习者通过多种方式同时建构自己的知识，以便在情境发生根本变化的时候能够做出适宜的反应。从认知灵活性理论所支持的“随机通达教学”的特点可知，在教学或学习者的自主学习中应给学习者构造一个非线性的网状学习情境。斯皮罗等人认为，超文本学习环境能够很好地实现“随机通达教学”，提高非良构知识领域的认知灵活性。超文本是一种基于计算机的文本，它以网状结构组织信息，打破了传统文本的单一线性结构，更加便于读者检索与阅读，也方便读者在信息网络中自由移动，这种信息组织方式与计算机信息组织方式是一致的。由于对于高级知识的获得符合信息社会知识日趋复杂化的时代特点，随机通达教学要求的超文本形式又与网络上信息呈现的方式相一致，因而认知灵活性理论对网络环境下的研究性学习具有较好的指导作用。

2. 多元智能理论

多元智能理论，由美国哈佛大学心理学教授霍华德·加德纳于1983年提出。加德纳认为，智力并不是像传统智力定义所说的那样以语言、数理或逻辑推理等能力为核心，以整合方式存在的一种智力，而是彼此独立，以多元式存在的一组智力。他通过对大量心理学的实验数据和实例的分析研究提出了人的九种智能，即言语—语言智能、逻辑—数理智能、视觉—空间智能、音乐—节奏智能、身体—动觉智能、人际交往智能、自我反省智能、自我观察智能和存在智能。尽管每个人在这些智能上的表现各有差异，但只要通过不同的方式进行结合和运用，就能完成不同的工作，解决不同的问题。教育必须致力于培养学生的各项智能，并鼓励个人强项智能的充分发展。个人智能不仅仅表现在课堂上和学校里，还要看他在实际生活中解决问题的能力。多元智能理论的提出为信息时代个性化教学的开展提供了重要的理论基础。加德纳的多元智能理论强调智能发展的整体性、个体差异性、情境性及可塑性，给人们认识教学的过程和本质以新的启示。传统的教学强调学习的条件及控制，而多元智能理论视野中的教学则强调学生的自主性、学习方式的多样性以及学习情境的创设，这些主张与网络环境下研究性学习的实质相一致。同时，以网络和多媒体技术为核心的信息技术，也为学生多元智能的发展创造了新的条件和可能。网络空间的多样性为学生动机、兴趣、特长、爱好、情感、意志等非智力因素的发展提供了良好的环境基础和条件。网络环境下的研究性学习强调分工与协作，这也与多元智能理论相符合。

(三) 计算机网络环境下研究性学习的开展

研究性学习要求学生要模拟科学家的研究方法和研究过程，通过发现问题、提出假设、想象、验证并提出解决问题的办法来认识事物。网络环境下的研究性学习的过程可以分为以下四个阶段：情境创设阶段、确定选题阶段、实践探索阶段、成果展示和反思阶段。小组协作研究形式是网络环境下研究性学习的一种非常有效的组织形式，因此下面将结合小组协作研究的组织形式来详细分析网络环境下研究性学习的一般过程。

1. 情境创设阶段

"问题"是研究性学习的核心，它更依赖于学生对现实生活的感悟、把握和理解。设定问题情境的目的是使学生感觉到问题的趣味性和研究价值，激发学生的学习兴趣。学生在确定研究范围和研究题目之前，教师要为学生创设与当前学习主题基本内容相关的情境。网络环境下的研究性学习中，教师在情境创设阶段所做的工作主要是准备一些与研究课题相关的资料，包括文字资料、图片、相关影片的片断以及一些相关主题的网站。利用音乐、录像、图片等多媒体形式来创设情境，可以全面调动学生的听觉、视觉等感觉器官，从而提高教学实效。运用多媒体创设学习情境，让学生在情境当中思考、感悟，从而引发学生好奇心、探究心，激发学生的求知欲望。情境创设阶段教师还可以利用电子公告牌或聊天室开启话题，设定问题情境，让学生发表自己的观点，展示自己的见解，以及在相互争论、辩解、驳斥中理清自己的观点。这一阶段学生的活动主要有：网络信息浏览、网络社区讨论等。创设情境的目的包括三方面：让学生知道将要学习的是什么；通过各种方式引起学生的学习兴趣；引出任务驱动中的任务。因此，创设情境类似于"建造"建构主义学习理论提出"支架"或"认知平台"。"情境"的创立，必须遵循维果茨基提出的"最近发展区"理论，从学生现有的认知结构和认知水平出发。

2. 确定选题阶段

学生对问题有了一定的讨论与了解之后，教师就要引导学生确定选题。这一阶段的主要任务就是要把上一阶段发现的问题转变为课题，并且拟定详细的操作方案。教师可以组织学生以小组为单位体验问题情境、讨论并确定研究主题。在这个阶段，教师的指导非常重要，教师要与学生共同讨论，对学生的学习思路加以引导，以免选题过大而超出学生的能力范围或选题过小没有研究价值。与此同时，教师应鼓励学生从多个角度分析与思考问题，要引导学生围绕学习重点，打破思维定势，学会分析与质疑。这一阶段学生的活动主要有：网络资源检索、自愿组成研究小组、通过聊天室、E-mail 和 BBS 等相互交流研究方案，通过 BBS 对方案及课题本身的可行性进行分析与讨论，网上发布信息寻求专家指导等，最终确定研究课题，撰写出研究方案。

3. 实践探究阶段

这一阶段是研究性学习的主题阶段，主要任务是通过实践探究活动进行学习。研究性学习活动的开展中，最重要的步骤是学习目标的确定。在确定了研究专题，并成立了研究小组之后，教师应和小组中学习成员一起确定研究目标，即学生最终在知识、技能、情感领域等多方面得到提高。这样不仅能为小组成员的学习活动提供一个范围，而且可以为最后学习成果的评价提供依据。学习目标确立以后，学生可根据已经确定的研究主题和具体的研究任务，进行自主探究。在实践探究阶段，随着问题的深入，学生会渐渐通过多种途径来解决问题。学生通过上网收集和检索资料，并将资料分类整理，积累与研究主题相关的信息，主动参与到探索问题、研究问题的过程中。同时学生还可以通过网络平台上的BBS、专题讨论区等发布自己的观点，向教师、专家、学习伙伴进行咨询、交流和讨论，还可以将自己的阶段性研究成果上传到网上，进行评价和展示。教师在这一阶段会以多种角色出现，如学习参与者，和学生一起探讨学习；信息咨询者，帮助学生查找或分析资料；指导者和情感支持者，随时了解学生计划实施和进展情况，适时给予适当帮助和引导，促使研究性学习顺利进行。

4. 成果展示与反思阶段

网络为研究性学习成果的发表与推广传播提供了无限的空间。这一阶段主要任务是展示、交流、推广研究成果并对成果进行最终评价。对于学生的初步结论，教师组织学生进行自评、互评，帮助学生对研究结果进行整理，形成观点。同时，对创造性表现行为要给予肯定和鼓励，要为学生提供各种发表、发布与交流的机会，并组织各种成果展示交流活动。各小组不但要对其他小组的成果进行评论，而且还要根据各种评价反馈信息，修改和完善自己的研究结果，并将研究成果发布到网上，进行成果展示。学生个人或各小组可把自己的学习体会和研究成果，以论文、PowerPoint文档、课件或网页等形式上传到网上，并进行相互学习、相互讨论，还可积极将自己的研究成果向家庭、社会进行广泛的宣传。学生这一阶段的主要活动有：通过网络上传研究成果，交流和探讨研究经历与经验，参与对研究性学习成果及研究过程的评价等。

综上所述，网络环境下的研究性学习围绕情境创设、确定选题、实践探究、成果展示和反思四个阶段展开。在整个过程中，教师与学生的活动各不相同。整个研究性学习的进程均在网上展开，因此，网络平台作为支撑，其中的信息资源、工具软件、讨论空间和交流的工具都促进了网络环境下研究性学习的开展。

延伸拓展

研究性学习与探究型教学模式的区别与联系

探究式教学是被广泛应用于教学中一种新的教学模式。所谓探究式教学是在教师引导下通过学生主动参与到发现问题，寻求答案的过程，是培养学生解决问题能力的教学活动。

何克抗教授总结的探究性教学模式，是一种高度概括的教学流程，主要包括创设情境、启发思考、自主探究、协作交流和总结提高五个环节，如图6-4所示。在实施信息技术与课程深层次整合的过程中，特别是在多媒体网络教室环境的支持下，课堂探究性教学模式可以在大部分学科教学中使用。

一般来说，探究性教学模式主要有以下几个流程①。

一、创设情境

在此环节中，教师通过创设情境的方法提出问题。创设情境一般是教师用来导入教学主题的重要手段，也是激发学生自主学习动机的主要方式。学生如果能够进入教师创

① 高铁刚、陈莹、臧晶晶，信息技术环境下教学模式与方法．北京：清华大学出版社，2011.4。

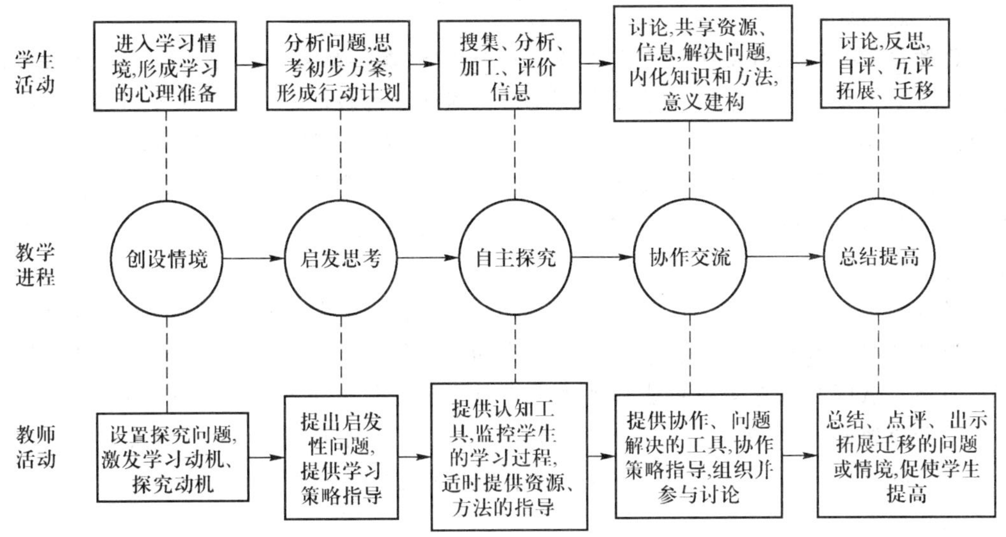

图 6–4　探究型教学模式

设的情境就会在情境的感染与作用下形成学习的心理准备,并产生自主学习的兴趣,这样也就达到了预期的创设情境的目的。

二、启发思考

在上一环节中,学生已经形成了自主学习的心理准备,教师应在此环节及时提出富有启发性而且能涉及当前教学知识点的一系列问题。让学生带着这些问题去自主学习。这一过程其实就是学生自主地、高效地完成当前学习任务的过程。在学生独立思考问题阶段,教师应积极地发挥引导作用,对于学生应当如何解决问题、应当利用何种工具或学习资源来解决问题、以及应当如何利用这些工具及资源、包括如何处理在自主学习过程中遇到的新问题等等,都应给出具体的建议和指导;学生则要认真分析教师所提出的问题、明确自己所需完成的学习任务,并通过全方位的思考形成初步的自主学习方案。

三、自主探究

在此环节中,学生利用教师提供的工具和学习资源,围绕教师提出的与任务目标相关的问题进行自主学习。这类自主学习活动主要包括:学生利用相关的信息搜索工具去收集与当前所学知识密切相关的重要信息;学生自主地对所获得的信息进行分析、加工与评价,从而形成对当前所学知识的认识与理解,即由学生自主完成对当前所学知识的意义建构。在学生进行自主学习的过程中,教师应通过各种方式密切关注学生的自主学习过程,并要适时地为学生提供必要的策略指导。

四、协作交流

为了进一步深化学生对当前所学知识意义的建构,应在自主学习的基础上,组织学生以讨论的形式开展小组内或班级内的交流与讨论,这样通过共享学习成果,能有效地在交流与讨论的过程中深化学生对当前所学知识的认识与理解。教师在此环节中应为学生提供交流和讨论的工具,同时要对如何开展集体讨论等自主学习策略作适时的指导,而且教师在必要时也应参与学生的讨论和交流,不能只在场外指导。交流讨论的过程不仅是学生深入完成知识与情感内化的过程,同时也是学生了解和掌握多种学习方法的过程。

五、总结提高

总结提高是实施自主学习模式的最后一个步骤，其目的是通过师生的共同总结来补充和完善全班学生经过了自主学习和交流讨论这两个阶段之后仍然存在的不足，以便更全面、更深刻地达到教学目标的要求。在实施这一环节的过程中，学生的活动主要包括讨论、反思、自我评价、相互评价；教师的活动主要包括点评学生的学习情况、对当前所学知识内容进行概括总结，以帮助学生了解当前所学知识的重点以及与其他相关知识点之间存在的内在联系，实现对知识的整体把握。

经过前面的介绍，我们已经知道研究性学习是培养学生主动探究的有效学习方式。探究型教学要求教师在课堂教学中以探究为切入点组织学生学习，带领学生主动认知和探究问题。教师在教育实践中能够利用现代教育理论作为指导进行学习研究和创造，把实践上升为理论；学生是教师探究的伙伴，师生一起研究问题、分析问题、解决问题。二者具有一定的差异，但是在教学中，将研究性学习与探究型教学有机地结合起来能够较好地提高教学效果。

1. 研究性学习与探究型教学都是培养学生创新精神和实践能力的载体。在学习过程中，学生蕴藏着极大的学习积极性和探究精神，在研究性学习和探究型教学中能得以释放。兴趣是最好的老师，研究性学习过程中学生对某一课题具有的强烈兴趣，超出了教师们的预期，这种精神能够转化为强大的创新意识，这也充分体现出学生们具有很高的智慧。

2. 研究性学习与探究型教学有利于科学知识、研究方法的认知、情感和技能目标的实现。在学习过程中实现多种学习目标，激励学生创新精神，增强主体意识，使学生真正成为学习的主人。

3. 研究性学习与探究型教学有利于增强学生的集体意识，同时也有利于学生的个性发展，提高人际交流能力。

4. 研究性学习与探究型教学都能够密切师生关系，教师始终是参与者、点拨者的身份，并与学生一起开展课题研究，以此来增进师生之间的交流，带来平等和谐的新型师生关系，同时教师素质也会得到提高，做到教学相长。

第三节 计算机网络环境下的高中地理教学案例研究

学习目标

☆ 知道计算机网络环境下教学的设计流程

☆ 总结计算机网络环境下教学设计的注意事项

基于Moodle的网络教学平台是近几年在中学各学科教学中采用的一种形式。由于学校的信息化培训开展得较好，于老师在技术上学会了Moodle，他开发了一节网络教学课，尝试用Moodle平台进行教学，实践过程中取得了非常好的效果，同学们也认为，通过这节网络课程的学习，拓展了知识面，并能与其他同学及老师进行良好的互动。

案例是对人们在生活当中所经历的典型的富有多种意义的事件陈述，是人们所经历的故事中的有意截取。案例对于人们的学习,研究,生活借鉴等具有重要意义。在教学中,因为教师工作在很大程度上是个体化的劳动过程,教学案例把个体经验变成了可以共享的财富。典型的优秀案例有利于教师分享经验。教师之间进行的教学案例分析和讨论,可以使教师认识到自己工作的复杂性、教育问题的多样性,从而提炼出教师内在的知识、态度与价值,促进相互之间的启发、交流和借鉴。

一、Moodle 对计算机网络环境下研究性学习的支持

Moodle 平台对研究性学习的支持作用,主要表现在以下几个方面:

(一) 资源支持

研究性学习是一种基于资源的学习。在学习过程中,伴随着情境问题的产生与课题研究的不断深入,需要学生通过各种途径尽快搜寻与问题相关的信息。这时可以借助于 Moodle 的资源模块添加网络链接以及其他有助于学生解决问题的信息资源,从而充分发挥教师的主导作用,对学生需求的网络信息资源进行分类,并将文件上传到课程中。在 Moodle 平台中,学生只需登录选择课程就可以轻松地获得与主题相关的大量信息资源。同时,还可以将自己认为有价值的信息发布到相关论坛,扩充资源内容。

(二) 交互支持

研究性学习要求学生成为学习的主体,让他们成为问题的发现者和探究者。研究性学习的特点在于其探究性,在探究过程中促进学生知识及能力的提升。在探究的过程中,学生要不断地吸收对问题的不同观点、见解和态度。交流与协作是研究性学习中非常重要的一个环节,因此,网络环境下的研究性学习平台必须提供很好的交流平台。Moodle 平台的聊天模块,不仅支持师生之间、学生之间的实时交互,并且对所有的谈话均有记录,从而有利于教师或学生日后查阅。教师可以在设定聊天室时对讨论的话题或者是开放聊天室的时间加以界定,学生可以直接点击进入聊天室,也可查看以前的聊天记录。在网络环境下的研究性学习中,作为情境性问题的解决,学生既需要同步的集中交流,又需要随时随地的异步沟通。Moodle 的讨论区模块,可以满足师生之间、学生之间异步交流的需求。网络环境下研究性学习中问题的提出、问题的确定、实践探索中的交流与讨论都可以在此进行。同时,讨论区还支持关键字检索,学生可以搜索论坛,从而对自己感兴趣的主题或者学习过程中遇到的问题进行搜索,以免不必要的重复,提高学习效率。在 Moodle 平台中,有多种类型的讨论区可供选择,不同类型的论坛也有不同的权限设置。通过这种方式,教师可以比较容易地引导讨论的话题和思路。同时,教师和学生也可以根据需要订阅指定的论坛,并以 E-mail 方式收阅帖子内容,这就使得教师可以轻松地了解到整个研究性学习的进程,学生可以更好地了解其他同学的研究进展。此外,Moodle 的参与者还可以形成一个虚拟协作社区,建立多元的交流机制。

(三) 协作支持

研究性学习是一种基于合作的学习。Moodle 平台的 wiki 模块,为学生提供了一个开放的协作学习环境。Wiki 作为一个具有社群性的网络写作平台,它所要面对已经不再是单纯的个人思想的记录,而是集体智慧的共同结晶。这就要求 wiki 成员能在浏览、完善页面的同时实现积极地协作创作,保证 wiki 知识的有效性,使 wiki 中的内容不断地得到丰富。同时,一旦有人对条目进行恶意修改或删除,管理人员或读者都可以将其恢复。因此,wiki 的使用

可以为学生表达想法提供一个宽松的氛围，页面历史功能也可以使教师及时掌握每个学生对页面所做的编辑与贡献。知识共享、协作学习可以说是 wiki 的精髓，而这一点也正是网络环境下研究性学习的核心。因此，利用 wiki 模块，可以促进学生在研究性学习中彼此之间的协作学习和学习的积极主动性。

（四）成果展示与评价支持

研究性学习十分重视交流和评价，它要求学生在交流中学习，在评价中提高。Moodle 平台具有更新通知的功能，只要有人对页面进行了更改，它就会以电子邮件的方式发送最新消息给参与课程的教师和学生。利用这个功能，教师可以对学生的学习过程及成果做出最具即时性的评价，让学习者及时反思，不断改进，真正实现研究性学习的过程评价，体现研究性学习中的“在过程中学习，在评价中提高”的理念。网络环境下的研究性学习结束后，学生要进行成果的展示与评价。利用作业模块，学生可以上传自己的研究成果，教师可以对研究成果进行打分与评价，这个评价反馈信息会显示在每个学生的作业页面，并伴有 E-mail 通知。同时，教师还可以设置评价量表，实现学生之间研究成果的互评。在设置评价量表时，教师可以针对学生的认知发展特性对评分标准以及评价策略等进行设定，而且还可以设定为匿名评分，排除同学之间互相评分时的人际关系干扰，从而能够更好地实现网络环境下研究性学习中的自我评价与小组互评。

延伸拓展

Moodle 平台简介

Moodle 是一套功能强大、方便易用的开放源代码的网络课程管理系统，这个名字的由来，是 Modular Object-Oriented Dynamic Learning Environment 的缩写，意为模块化面向对象的动态学习环境。Moodle 最初由澳大利亚教师 Martin Dougiamas 开发，2002 年后逐渐在世界各国的教育机构中得到广泛的应用。目前全球已有大量的程序员加入到它的开发与完善工作中。

Moodle 充分体现了社会建构主义的学习理念，强调学习者之间的对话、合作、互动等社会性活动对个人及群体意义建构的作用。因此 Moodle 的设计目标除了在于教学内容的呈现和管理，更关注对教学过程中各种活动的支持。Moodle 能够支持十几种课程活动，包括专题讨论、作业、投票、测验、聊天、问卷调查等等。教师可以通过简单的设置为课程加入这些活动模块。

（关于 Moodle 平台的更多功能请详见书后光盘）

二、案例研习

以下为利用 Moodle 实现网络环境下研究性学习平台的可行性以及 Moodle 平台在网络环境下研究性学习中的作用。选取了鞍山一中于文喜老师的一堂网络教学课，以高二一个班为研究对象，在计算机网络教室里引导学生进行研究性学习，“区际联系与区域协调发展——产业转移”课程主界面如图 6-5 所示：

在“区际联系与区域协调发展——产业转移”这一课程的框架结构中，于老师运用了

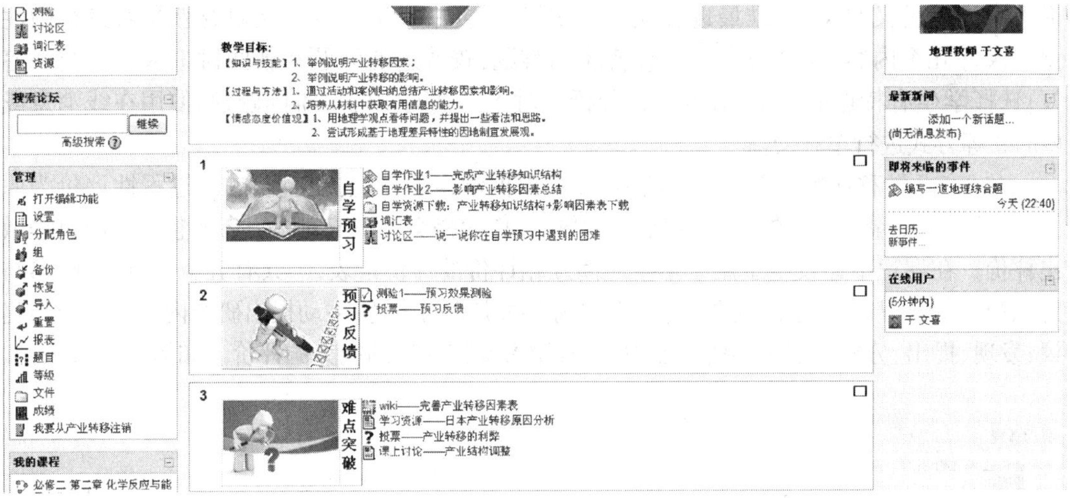

图 6-5 “区际联系与区域协调发展——产业转移”课程主界面

Moodle 平台的六大网络学习功能:

1. 充分利用自学预习模块的功能,添加产业转移术语的 PPT 等各种文件格式的资源,提高学生对问题的感性认识,激发学习兴趣。图 6-6 是课程资源下载链接图:

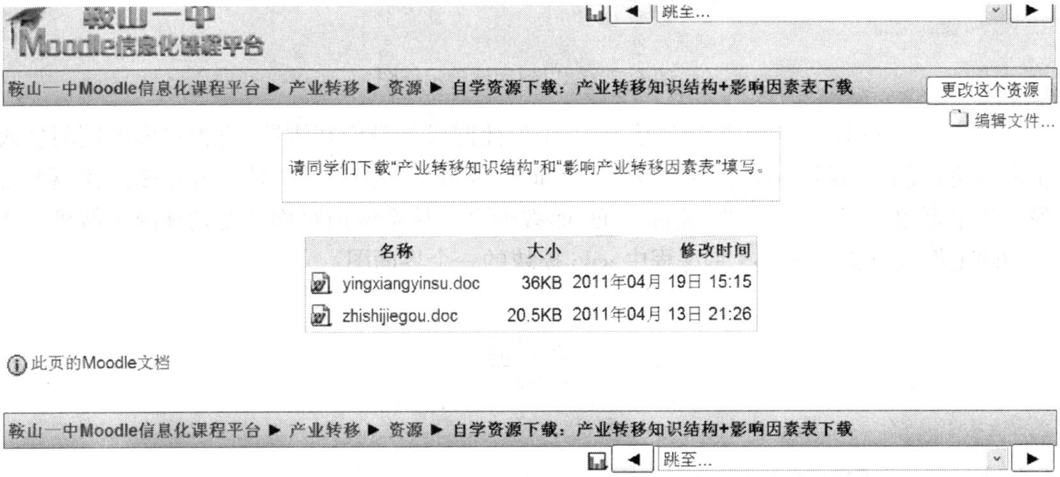

图 6-6 课程资源下载示例图

学生可以点击下载,并进行填写影响产业转移因素表。

2. 观察学生网上收集、摘录、保存网上的信息,及对各种信息进行分类的过程,及时发帖引导学生注意随时检查自己搜集的信息途径、来源以及所搜集信息与自己感兴趣的主题的关系。支持学生中的不同看法,引导学生发现自己和别人的差异、促进相互学习,提高搜集信息能力。在学生对网上的信息、资料进行筛选时,给予必要的指导,以启发为原则。到讨论区中不时通过留言板或口头的形式表扬学生,鼓励学生各抒己见,大胆创新。

3. 利用最新消息随时向大家反馈某些同学的学习进程,激发学生的竞争意识。例如告诉大家谁做得又快又好，谁最近表现不太积极，需要继续努力等。在研究性学习过程中注意记录好几个内容：大家遇到的比较普遍的难题，较普遍的问题在新闻讨论区给予统一答复；选择学生有特点的感想、观点进行分析。对于个别同学的疑难问题，则使用在线消息或 E-mail 等方式进行单独交流。

4. “产业转移研究性学习”课题结束后，根据学生的作业提交情况，以过程性评价为原则，参考日志记录中学生的出勤情况、研究体会、作业提交等情况对学习者的整个学习过程做出评价。在课程中还设定了用于学生之间互相评价的评价量表，一共有五个评价指标：参与意识和竞争意识；积极上网搜集资料；研究成果的交流与表达；主动提出研究内容的设想与建议；发现、提出、分析与解决问题的能力，以及学习知识应用的能力的评价。如图 6-7 所示：

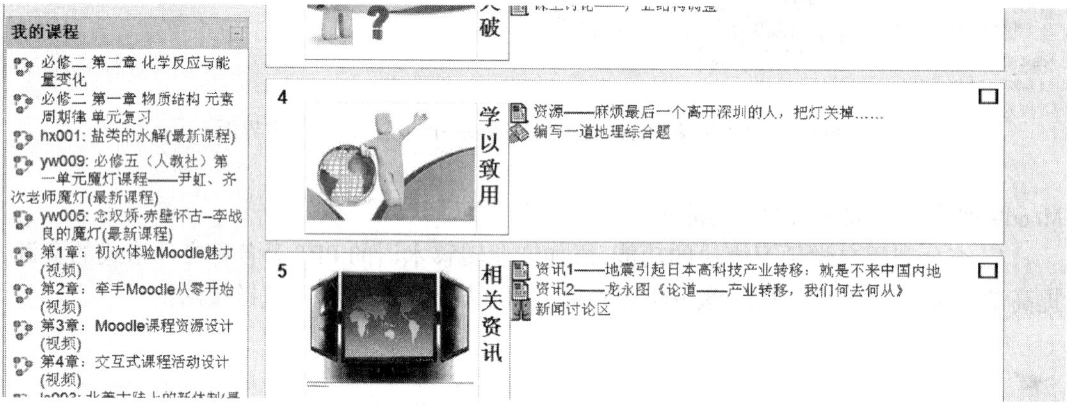

图 6-7 学以致用评价示例图

5. 基于 wiki 模块进行协作学习，学生作为社群成员身份在浏览、完善页面的同时实现积极的协作创作，保证 wiki 模块中关于“产业转移”知识的有效性，使内容不断地丰富和加强。学生可以任意创建、修改、删除页面，而教师可以从系统内页面的变动情况了解到学生所做的工作与贡献。图 6-8 是课程中 wiki 模块的一个界面图：

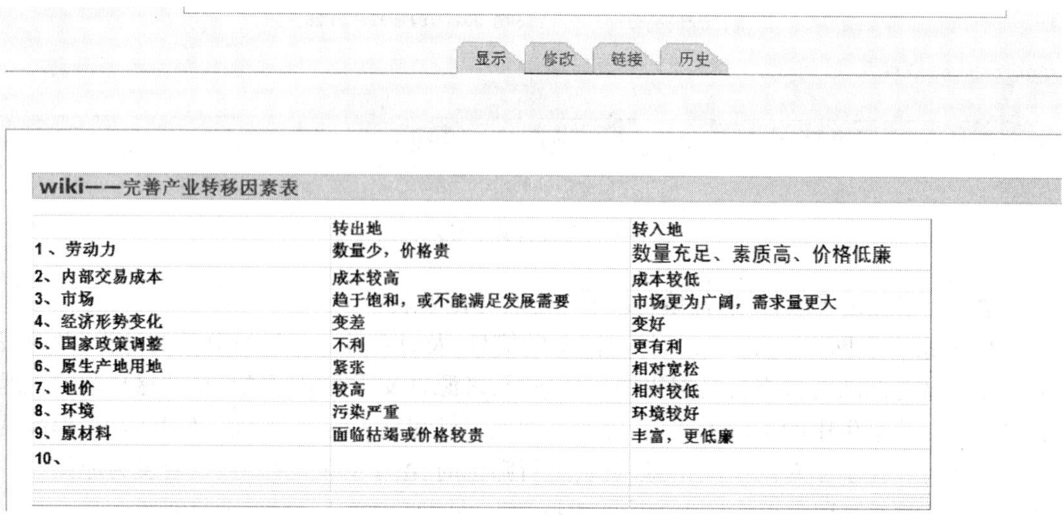

	转出地	转入地
1、劳动力	数量少，价格贵	数量充足、素质高、价格低廉
2、内部交易成本	成本较高	成本较低
3、市场	趋于饱和，或不能满足发展需要	市场更为广阔，需求量更大
4、经济形势变化	变差	变好
5、国家政策调整	不利	更有利
6、原生产地用地	紧张	相对宽松
7、地价	较高	相对较低
8、环境	污染严重	环境较好
9、原材料	面临枯竭或价格较贵	丰富，更低廉
10、		

图 6-8 wiki 模块示例图

6. 经验总结

通过具体的基于 Moodle 的研究性学习案例的设计与实施，运用多媒体创设学习情境，让学生在情境中思考、感悟，能有效引发学生的好奇心、探究心理，激发学生的求知欲望。同时，对整个研究性学习过程中学生学习参与情况的观察发现，大部分学生能够积极参与到研究性学习过程中，并且表示对这种学习方式很感兴趣，而少部分学生存有依赖心理，学习积极性不高。因此，研究性学习过程中教师对学生的指导，以及同学之间的帮助非常重要。同时，“产业转移研究性学习”专题的完成，有效地促进了学生信息应用能力的提高。一个研究课题的完成，学生经历了由最初盲目浏览到选择合适的关键词，减少盲目性提高了效率；由最初的简单罗列信息到有选择地处理利用信息，最后把有关产业转移的信息按照成因、特点和应对对策进行分类。通过这次研究，学生已经开始具备基本的辨别评价信息的能力。此次网络环境下研究性学习的实施也验证了 Moodle 作为一个基于建构主义教育理论而开发的学习管理系统，在研究性学习中具有强大的优势。利用 wiki 功能作为学生协作学习的平台，学生围绕自己感兴趣的话题进行讨论修改，培养了协作精神和参与意识；讨论区、聊天室满足了师生之间、学生之间实时和非实时的交互，同时让学生有了充分表达自己想法的机会。另一方面，通过对 Moodle 平台的具体运用也发现，Moodle 平台的界面使用非常方便，适合当前中学教师与学生的信息技术水平，所有的界面设计风格一致、简单、高效，而且学生不需要特殊的浏览技能就可以使用 Moodle 课程进行学习。

活动建议

观看配套光盘中的相应视频案例及下文的文本案例，参照表 6-1 框架对案例进行分析，并将结果记录下来。

表 6-1 案例分析表

分析主题		分析结果
案例中出现了哪几种互动类型		☐ 基于全班的互动 ☐ 基于团队（小组）的互动 ☐ 一对多的师生互动 ☐ 一对多的生生互动 ☐ 一对一的生生互动 ☐ 一对一的师生互动 ☐ 个体活动
案例中出现了哪几种互动的层次		☐ 操作交互 ☐ 信息交互 ☐ 概念交互
计算机网络教室对教学的支撑作用	情境	
	资源	
	工具	
	交互	
	教学组织	
	评价	
你对这个案例的评论		

通过对视频案例和文本案例的分析，请结合表 6–2 对案例进行深入的分析和评价，填写下面的量表（表 6–2）。

表 6–2 教师课堂教学评价标准（试行）①

年级________学科_____执行教师________课题_________ _____年___月___日

教学	评价项目	评价内容与分值	评价等级				评分
			A	B	C	D	
教师教的方面	教学目标的确立（10 分）	1. 教学目标体现新课程超标准理念，教材要求符合学生实际，有利于学生综合素质发展。（5 分）					
		2. 有三维目标，可操作，能落实（3 分）					
		3. 教学目标对不同层次学生有不同达标要求(2 分)					
	教学内容的处理（6 分）	1. 知识正确，容量适当，学生能接受（2 分）					
		2. 把握教材内在联系和重点，突破难点，解决疑点（2 分）					
		3. 以教材为例，训练学生能力，指导学法（1 分）					
		4. 各种学习材料的提供合理、充分、得当（1 分）					
	教学过程的安排（8 分）	1. 教学活动环节结构合理，体现教学思路与学生思维，有利于学生认知结构的建立。（4 分）					
		2. 充分体现教师主导作用、学生主体作用（2 分）					
		3. 教学节奏密度适应，时间分配合理。（1 分）					
	教学手段的选择（11 分）	1. 教法注意提示认知规律和学法指导（4 分）					
		2. 问题设计严谨，情知有机交融和谐（3 分）					
		3. 板书设计新颖整洁规范、情境创设恰当有效(2 分)					
		4. 教学挂图教具和教学媒体的选用合理高效(1 分)					
		5. 教学体现对学生能力的培养，情感的激发（1 分）					
教学过程	教学调控和效果的检测（8 分）	1. 教学信息反馈及时，纠正有效，讲普通话，完成教学任务（2 分）					
		2. 精心设计教学程序，练习有层次性、针对性和开放性，教与学协调统一（2 分）					
		3. 有良好课堂气氛，教得轻松，学得愉快（2 分）					
		4. 学生学习有一定消化思考余地，课业负担合理，轻负高效（2）					

① 陈晓慧．教学设计［M］．第二版．北京：电子工业出版社，2009。

续表

教学	评价项目	评价内容与分值	评价等级				评分
			A	B	C	D	
学生学的方面	教师素质的展示(7 分)	1. 教态大方自然,语言准确简练;演示操作规范,指导得法;板书科学、工整、美观(3 分)					
		2. 动作直观教具、现代教学媒体等,使用正确熟练,合理优化(2 分)					
		3. 善于组织教学,能随机调整(2 分)					
	学生参与学习过程(15 分)	1. 对本课兴趣浓,有动力、乐学、专注力集中积极参与,紧跟教学活动全过程。全班基本达到(15 分)					
		2. 有个别或少数学生不专注(12 分)					
		3. 20% 左右不专注(9 分)					
		4. 1/3 以上学生不专注(5 分)					
	掌握知识发展智力(15 分)	1. 形成性练习反馈的效果好,正确率高(90% 左右学生当堂掌握)(8 分)					
		2. 80% 学生课中学会并掌握动手操作技能(5 分)					
		3. 约束力 1/3 的学生能进行自我评价、诊断,相互纠错和帮助(2 分)					
	主动探索学会学习(12 分)	1. 2/3 以上学生学会或运用某种学习方法于本课学习过程(或工具)(5 分)					
		2. 1/3 以上学生积极思考,能发现问题,质疑发问,自觉钻研(5 分)					
		3. 能联系实际举一反三展开创造(2 分)					
	情感认同优化学习环节(8 分)	1. 对学习内容的思想教育因素认同(2 分)					
		2. 情感共鸣表露自然明显(2 分)					
		3. 审美或评价活动热烈(2 分)					
		4. 注重计划、预习、上课、复习、作业(2 分)					
小计							

说明:① 课堂教学评价按评价指标内容分为 A、B、C、D 甲级评分法(权重系数 A 为 1、B 为 0.8、C 为 0.6、D 为 0.4),先从分数(课堂教学质量)上反映一堂课的水平,然后再进行综合评价(课堂教学质量),进行课堂教学分析;② 一般认为,85 分以上的为 A 级,75~84 分的为 B 级,60~74 分的为 C 级,59 分以下的为 D 级。

反思总结

通过案例的观摩和分析,结合您对计算机网络教室的认识,您认为在计算机网络教室里应该如何开展高中地理教学?你对这种教学有什么样的意见和建议?将您的思考记录下来,并与同事分享。

____
____。

思考与练习

一、名词解释

计算机网络教室　研究性学习

二、简答题

1. 简述计算机网络教室的构成。
2. 简述研究性学习的步骤。
3. 结合自己的体会,分析计算机网络教室可以为高中地理教学提供哪些帮助?

评价篇

➲ 信息技术支持下的高中地理教学评价

第7章 信息技术支持下的高中地理教学评价

本章概要

教学评价是对教师的工作和学生的学习做出客观衡量和价值判断的过程，是教学工作的重要环节。本章重点介绍新课程教学评价理念及该理念指导下适用于高中地理学科的评价工具，包括计算机辅助测验、量规和电子档案袋三种评价工具的概念、设计和使用。

知识结构图

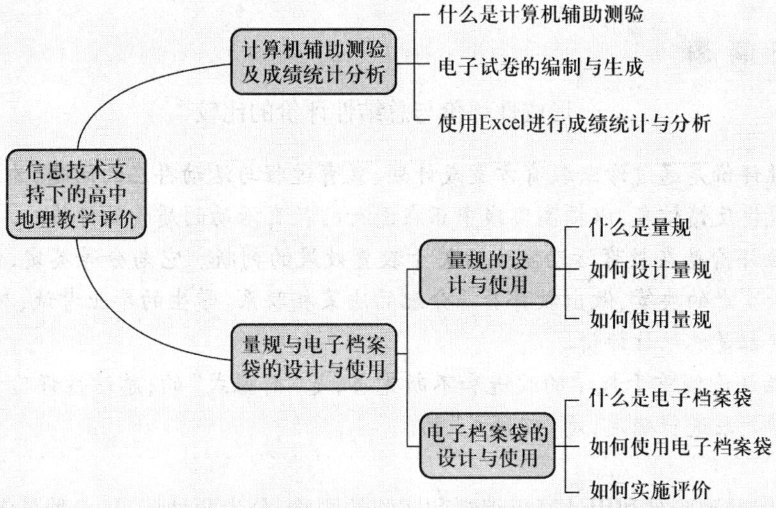

第一节 计算机辅助测验及成绩统计分析

学习目标

- ☆ 阐述计算机辅助测验的含义
- ☆ 列举计算机辅助测验评价的设计方法和应用方法
- ☆ 举例说明电子表格工具对评价数据的处理方法和分析方法

吴老师是一位有着十几年教龄的地理老师。刚工作时，她也像其他教师一样，把各章节中的概念、原理、规律等内容改编成试题，按类别记录在不同卡片上，以备考试时使用。可是近几年，每到期中期末考试，教务处都要下发统一的电子文档试卷模板，由任课教师自己出题组卷。因此，吴老师的卡片有些不适用了。

一、什么是计算机辅助测验

测验是教学评价的一种重要方法，在"知识与技能"的评价中具有不可替代的作用。测验可以应用在学习的各个阶段，如教学之前的诊断性测验，教学过程中的形成性测验和教学完成后的总结性测验等。《普通高中地理课程标准(实验)》在"评价建议"中明确提出"善于利用纸笔测验，检测学生知识性目标的达成"。信息化环境下，测验和计算机相结合形成了一种新的测验方式——计算机辅助测验。

自主阅读

形成性评价与总结性评价的比较

形成性评价是通过诊断教育方案或计划、教育过程与活动存在的问题，为正在进行的教育活动提供反馈信息，以提高实践中正在进行的教育活动的质量的评价。

总结性评价是在教育活动发生后关于教育效果的判断。它与分等鉴定、做出关于受教育者和教育者的决策、做出教育资源分配的决策相联系。学生的毕业考试、教师的考核、学校的鉴定都是总结性评价。

形成性评价侧重于教学的改进和不断完善，是"前瞻式"的；总结性评价侧重于对已完成的教学效果进行确定，是"回顾式"的。

计算机辅助测验是利用计算机编制和实施的测验，分为两种情况：一种是借助计算机辅助测验系统来完成测验，另一种是借助计算机编制测验试卷。

完整的计算机辅助测验系统包括三个子系统：测验编制系统、联机测验系统和测验评分与分析系统。教师只要设计并录入试题的具体内容，测验模板就能按照所选择的形式和格式自动生成教师所需要的测验。学习者可以进入测验系统，通过使用一些按照不同组题策略选出的不同等级的测验题目，做联机测验。测验结束后，师生可以利用成绩分析系统发掘教学过程信息、诊断教学(或学习)中存在的问题，从而及时调整教学(或学习)

方法与进度。

提示卡

计算机辅助测验系统比较适合客观题，如是非题、选择题、填空题等，不太适合主观题，如论述题、辨析说明题等。因为目前应用计算机进行自然语言的分析还不够成熟，所以难以用计算机分析学生对问答题的回答，很难用计算机评价学生的综合概念和思维。对主观题的判断还有待于人工智能技术的进一步发展。

二、电子试卷的编制与生成

试卷是测验的主要工具之一。计算机辅助测验的另一种类型是利用计算机来编制、生成电子试卷。下面介绍两种编制电子试卷的方法。

(一) 利用文字处理软件的模板功能编制试卷

在编制试卷时，教师可以利用文字处理软件（如 Word、WPS）中的模板功能，将基本的试卷格式存储起来，如试卷题头、试题类型、装订线、分数栏等，便于日后反复使用，以减少大量出卷的重复工作量，提高编制效率。图 7-1 是一份 Word 格式的地理期中测验的试卷模板，后缀名为 .doc。教师可以把自制的或网上收集的试题存储成 Word 试题库，待需要试卷时，利用试卷模板和试题库，就可以轻松组卷了。

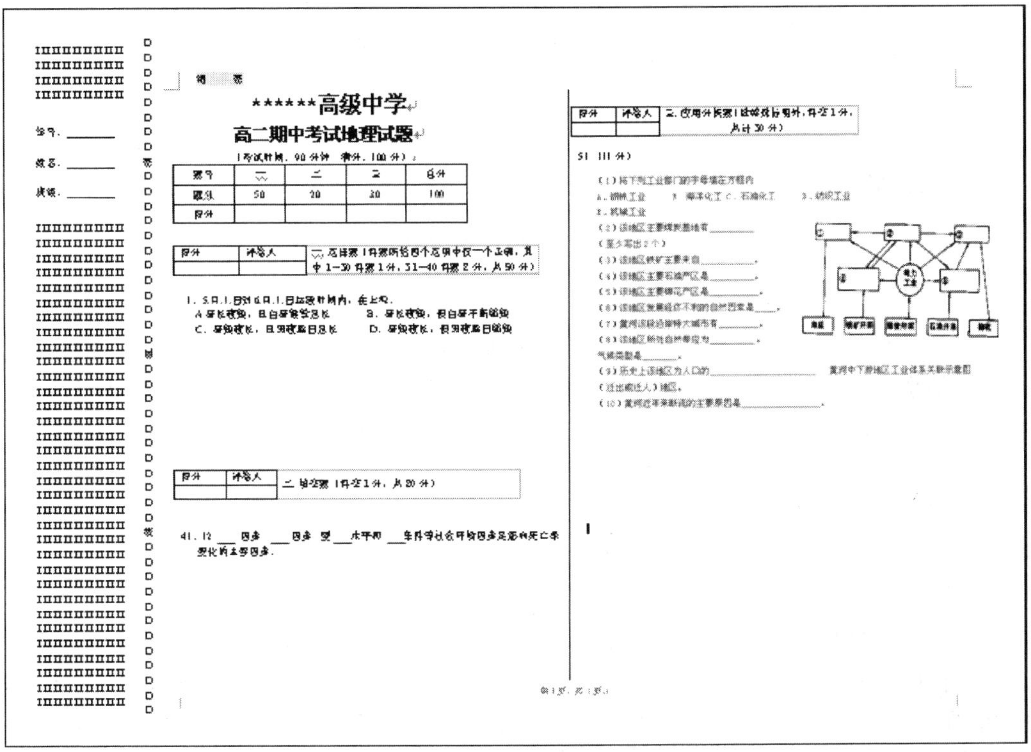

图 7-1　Word 地理试卷模板

（二）利用专业软件自动生成试卷

试卷生成软件具有一次性输入试题随意组成试卷的功能。教师只需按类别将考试题目录入题库，待需要考试时，系统功能可以快速方便地生成试卷。例如：“试卷生成系统”就是一款可以帮助教师轻松制作测试卷的软件，如图7–2所示。该系统组卷模式支持“智能出卷”和“手工出卷”两种；支持多位教师、多个科目使用同一个系统；具有导出Word文档功能；每位教师都有自己的代号、密码、教授的课程、使用权限；所有工作都有历史记录，可实现工作程序查询。

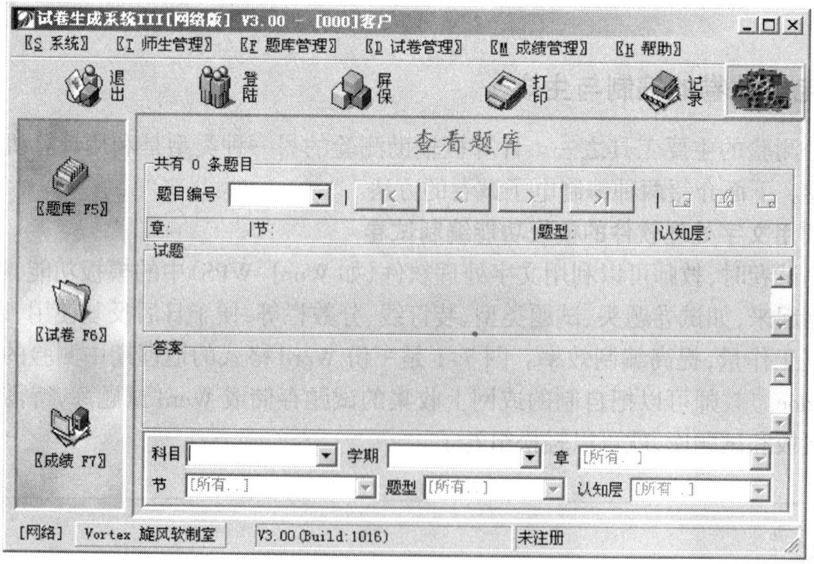

图7–2 试卷生成系统的试题录入界面

自主阅读

定性分析和定量分析

对教学评价数据的分析有定性分析和定量分析两种方法。

定性分析就是对评价对象进行“质”的分析。具体地说是运用归纳和演绎、分析与综合以及抽象与概括等方法，对获得的各种材料进行思维加工，从而能去粗取精、去伪存真、由此及彼、由表及里，达到认识事物本质、揭示内在规律的目的。

定量分析是依据统计数据，建立数学模型，并用数学模型计算出评价对象的各项指标及其数值的一种方法。其目的是把握事物量的规定性，客观简洁地揭示被评价对象重要的可测特征。对学生测验成绩的统计与分析属于定量分析。

考试、测验是高中经常使用的评价手段。测验后，大部分学校都使用机器阅卷，省时省力，并可将成绩直接导出到Excel表格。微软公司的Excel电子表格具有操作方便、数据处理功能强等特点，在日常教学的数据统计中发挥着重要的作用。教师可以使用Excel中的函数、公式对学生成绩进行求和、求平均值、求最大值的运算，也可以使用排序、分类汇总等功能实现成绩的统计与分析。

自主阅读

Excel 中常用函数

在利用 Excel 进行成绩统计时，常用的函数规则与功能如表 7–1 所示：

表 7–1 Excel 中的常用函数

函数名	语法规则	函数功能
SUM	SUM(number1,number2, …)	计算单元格区域中所有数值的和
AVERAGE	AVERAGE(number1,number2, …)	返回其参数的算术平均值
MAX	MAX(number1,number2, …)	返回一组数值中的最大值，忽略逻辑值、文本
IF	IF(test,value1,value2)	判断 test 条件是否满足，满足返回 value1，不满足返回 value2
COUNT	COUNT(value1,value2, …)	计算包含数字的单元格以及参数列表中的数字的个数

案例研习

月考成绩出来了，吴老师想了解班里有多少同学地理成绩在 90 分以上(包括 90 分)。以前她总是打印成绩单，一个一个地数出来，为了准确，有时要数两三遍。最近她学习了 Excel 软件，统计优秀的人数就容易多了。

步骤一：求和。

打开“月考.xls”文件，选中“总成绩”下方的单元格(G3)，单击【自动求和按钮】Σ ▾ 的下拉按钮，选择【求和(S)】，拖动鼠标，选定求和区域，回车。SUM(D3:F3)表示把单元格 D3、E3、F3 的值求和。

使用填充柄(选中的单元格，右下角出现的方形黑点，鼠标移到上面成细黑十字形)从 G3 单元格拖动至最后一个学生，求出所有学生总成绩。

步骤二：排序。

单击【数据】—【排序】，在对话框中，主关键字选“总成绩”，右侧选择“降序排序”。

步骤三：筛选。

选中成绩表中任意单元格(此处选“总成绩”)，单击【数据】—【筛选】—【自动筛选】，出现下拉按钮标记 总成绩 ▾。单击“总成绩”下拉按钮，选择【自定义】对话框中，设置【成绩】“大于或等于 90”，单击【确定】按钮，就可以看到成绩大于等于 90 的所有学生信息了，如图 7–3 所示。

	A	B	C	D	E	F	G
1	高二地理月考成绩（10月份）						
2	学号 ▾	姓名 ▾	班级 ▾	选择题 ▾	填空题 ▾	论述题 ▾	总成绩 ▾
3	10020416	郑微思	高二二班	28	27	39	94
4	10020419	赵欣然	高二四班	29	26	37	92
5	10020312	王赫男	高二三班	26	27	38	91
6	10020309	李雨涵	高二五班	25	28	37	90

图 7–3 显示成绩大于等于 90 的所有学生信息

此时，用最后一名学生的行号减去第一名学生的行号，再加 1，即 6−3+1=4，这样就可以轻松获得成绩优秀（大于或等于 90）的学生数了。

案例分析

Excel 的统计分析功能非常强大。案例中吴老师使用了“求和”、“排序”与“筛选”的功能，按照这种方法可以统计出各个分数段的学生人数，为评价数据的分析提供了帮助。

提示卡

Excel 中求和方法并不唯一，除案例中的方法外，还可以使用如下方法：

使用求和函数：选定总成绩（G3 单元格），单击编辑栏里的【插入函数按钮】*fx*，选择求和函数 SUM，拖动鼠标，选定求和区域，单击【确定】即可。

使用公式：选定总成绩单元格，在编辑栏里直接输入“=D3+E3+F3”，即对求和区域直接相加，回车即可实现求和。

Excel 可以将统计分析的结果以图形、图表的形式呈现出来，直观、形象地表现出数字之间的关系和变化趋势，使定量分析更加准确、清晰，使教学评价更加接近实际教学情况，有助于查找影响教学质量的原因。Excel 图表创建基于已经存在的数据表，可以根据图表向导提示来完成。所生成的图表可以和源数据处于同一工作表中（称为嵌入式图表），也可以单独形成一个只包含图表的工作表（Excel 生成图表的详细操作方法见本书配套光盘）。

自主阅读

Excel 中常用图表

在利用 Excel 对成绩进行统计分析时，常用的图表类型及其特点如表 7–2 所示：

表 7–2 Excel 中常用图表

图表类型	用途描述
柱状图	用来显示一段时间内数据的变化或者描述各项数据之间的比较。柱形常用来强调数据随时间的变化趋势
条形图	用来显示特定时间内各项数据的变化情况，或者比较各项数据之间的差别。它强调数据的比较，而淡化随时间的变化趋势
折线图	用来显示某个时期内，数据在相等时间间隔内的变化趋势，它强调数据的变化率
XY 散点图	常用来显示间距间隔不等的数据变化情况。XY 散点图既可以用来比较几个数据系列中的数值，也可将两组数据分别作为 XY 坐标来绘制
饼图	用来显示数据系列中每项占该系列数值总和的比例关系。饼图只显示一个数据系列
圆环图	类似于饼图，也用来表示部分与整体的关系，但圆环图能表示多个数据系列，每一个环形表示一个数据系列

续表

图表类型	用 途 描 述
面积图	用来比较多个数据系列在幅度上的连续变化情况，可以直观地看到部分与整体的关系。面积图强调的是数据的变化量
雷达图	常用来综合比较几组数据系列。在雷达图中，每个分类都有自己的数据坐标轴，这些坐标轴从中心点向外呈辐射状，同一系列的数据都用折线相连
气泡图	是一种特殊的散点图，气泡大小可以用来表示数据组中第三变量的数值

反思总结

在全面了解计算机辅助测验后，请结合教学实践，谈一谈计算机辅助测验与传统的测验有什么区别？完成学习记录表7–3计算机辅助测验与传统测验比照表的内容。（表7–3请到光盘第七章培训材料中下载）

表7–3　计算机辅助测验与传统测验比照表

计算机辅助测验的特点、优点	传统纸笔测验的特点、优点
1. 自动化、智能化	1.
2.	2. 适用于大规模的正规学业测验
3.	3.
……	……

第二节　量规与电子档案袋的设计与使用

学习目标

- ☆ 阐述量规与电子档案袋的含义
- ☆ 列举量规的适用范围、设计方法和使用要领
- ☆ 举例说明电子档案袋的设计方法
- ☆ 举例说明应用电子档案袋进行发展性评价的方法

《普通高中地理课程标准（实验）》在“评价建议”中明确指出：要“重视学习过程中的评价，建立学生学习记录卡”。教育部《普通高中课程方案（实验）》进一步要求：“实行学业成绩与成长记录相结合的综合评价方式……为学生建立综合、动态的成长记录手册，全面反映学生的成长历程。”可见，传统的总结性评价已经不能胜任新课程的需求，而学习记录卡、成长记录手册这种记录学习过程的发展性评价，越来越受到广大教育工作者的青睐。

一、量规的设计与使用

(一) 什么是量规

量规是一种结构化的定性与定量相结合的评价技术,常以二维表格的形式呈现。量规不仅可以为学习者指明学习方向,也可以为不同的评价者提供统一的判断标准。量规从与目标相关的多个方面详细规定评级指标,因而操作性好、准确性高。应用量规,可以由教师评价学生,也可以由学生自评或互评。如果事先公布量规,对学生学习还会起到导向作用。①

自主阅读

表现性评价及特点

表现性评价是指通过观察学生在完成实际任务时的表现来评价学生已经取得的发展成就。表现性评价强调在完成实际任务的过程中来评价学生的发展,不仅评价学生知识技能的掌握情况,更要通过对学生表现的观察分析,评价学生在创新能力、实践能力、与人合作的能力以及健康的情感、积极的态度、科学的价值观等方面的发展情况。

表现性评价可以评价学生"做"的能力,注重知识技能的整合与综合运用,与教学活动有密切联系;但在编制科学合理的评分方法上有一定难度,难以评价学生在其他表现性任务上的迁移能力,不能评价所有类型的学习目标。

(二) 如何设计量规

一般量规都具有评价要素、指标、权重、分级描述这几个基本构成要素,但这并不是机械的规定,在教学实践中可以根据实际需要选择或者创造符合需要的量规形式。

设计量规时要具有结构化思维,一般需要根据学习目标和学生水平从评价要素中提炼出评价指标,并根据学习目标的侧重点确定各评价指标的权重,用具体的、可操作的描述语言来说明量规中各评价指标的评价要求,将原本非结构化的主观性评价任务转化为结构化的级差评价。

设计量规时还需注意以下几点:

(1) 同一内容项必须出现在每个量规水平里;

(2) 量规水平必须尽可能接近等距离;

(3) 避免专业化术语和意义含糊或歧义的词汇,应使用完整句型表述等级内涵。

活动建议

表7-4是研究性学习的评价量规,其中水平1涉及"信息收集"项,水平2、3、4也包括此项,并且水平1和水平2间的距离应当和水平3和水平4间的距离相等。②请结合您对研究性学习的理解,将评价标准补充完整。

---

① 闫寒冰.信息化教学评价:量规实用工具[M].北京:教育科学出版社,2003。

② 高铁刚,王馨等.信息技术环境下教学评价的理论与方法[M].北京:清华大学出版社,2011.4。

表 7-4 研究性学习量规

分数	问题	信息收集	分类	分析	最终作品
4	学生围绕一个主题，自己确定问题	从多种电子和非电子的渠道收集信息，并正确地标明出处	学生为给信息分类，自己开发了基于计算机的结构，如数据库	学生分析了信息，并得出自己的结论	学生有效地使用综合媒体，以多种方式展示了自己的发现，并发布到网上
3	给出主题后，学生自己确定问题	从多种电子和非电子的渠道收集信息	师生为基于计算机的分类结构共同想办法，学生自己创建这个分类结构	学生分析了信息并在教师的指导下得出了自己的结论	学生有效地使用综合媒体，以多种方式展示了自己的发现
2					
1					

延伸拓展

量规生成器

量规通常是以二维表格的形式呈现的，可以使用 Word 中的表格工具进行绘制，也可以借助互联网上的量规生成器来实现。

1. 教师技术之家提供的量规生成器：可以生成评定阅读技巧、口头表达、研究写作、报告、展示等 22 种活动的量规。

网址：http://teachers. teach-nology. com/web_tools/rubrics

2. 量规之星量规生成器：可以生成评定艺术、数学、多媒体、音乐、口头表达、产品、研究写作、科学、工作技巧等 9 个类别的 30 余种量规。

网址：http://rubistar. 4teachers. org

注：这种量规通用性较强，建议使用时做适当修改以符合具体教学情境。

（三）如何使用量规

设计出一个好量规只是成功了一半，教学过程中要根据实际任务选择合适的量规评价工具。常用工具有检核表（或称核查表）、评定量表、作品量表、轶事记录等。检核表一般由两部分组成：一是对行为或结果的描述，即要评价的学生表现；二是记录正确与否的地方。检核表是用于检查分解后的具体行为表现是否存在的评价工具。评定量表是将要评价的学生表现分成合适的等级，每一等级有详细的说明，需要时赋予每一等级相应的分数，将这几个部分以一定的格式组织起来编制成一个量表。

案例研习

王老师是一位关注学生全面发展的高中地理老师。为了测量并提高学生的实验探究能力，他设计了评价与教学相结合的探究性实验——模拟海陆热力性质。该实验源于高中地理教材（人教新课标版）必修Ⅰ中的一个探究任务，要求学生分组讨论，共同完成探究过程并写出探究报告。王老师根据学习目标需要，设计了“学生探究过程检核表”和“探究报告分项评价量表”，如表7-5、表7-6所示。

表7-5 “模拟海陆热力性质实验”学生探究过程检核表

小组组别及成员：________ 班级：________ 日期：________
探究课题名称：________________ 组长姓名：________

评价项目	评价行为	评价记录
1. 提出问题和做出假设	① 确定一个可以通过探究活动回答的问题； ② 说出与问题有关的背景知识； ③ 做出一种可检验的假设	
2. 制定实验方案	① 明确实验目的； ② 陈述自变量与因变量的关系； ③ 描述观察或测量变量的方法； ④ 列出重要的步骤和材料器具	
3. 讨论实验方案	① 阐述本组实验方案或指出他组实验方案的不足； ② 进行辩护和反思或改进。	
4. 实施实验方案	① 执行实验方案中规定的步骤； ② 记录实验现象和数据； ③ 处理实验数据	
5. 交流实验结果与结论	① 阐述和交流实验结果与结论； ② 根据实验现象和数据得出结论； ③ 应用有关的科学知识解释结论； ④ 说出假设是否得到支持； ⑤ 如果实验失败，要分析失败的原因	

说明：每一项评价行为有记为“+”，无则记为“-”。

表7-6 “模拟海陆热力性质实验”探究报告分项评价量表

说明：等级描述中3、2、1分别代表优秀、中等、合格
姓名：________ 班级：________ 日期：________
探究实验名称：________________

评价标准及等级描述		自评	师评
实验目的明确	3：对问题的阐述能够清楚地解释为什么做这个实验； 2：明确实验目的，但表述不够清楚； 1：对问题的阐述不能解释为什么要做这个实验		
实验原理正确	3：在相同的时间内，接受相同的热量，水和沙土温度变化的状况的差异； 2：简单介绍了气候形成因子与季风形成原因； 1：仅仅提到与比热有关		
实验步骤设计合理	3：详细说明实验变量的控制、对照组的设计，试剂的取用、现象的观察和数据的记录等； 2：简单说明实验变量的控制、对照组的设计，试剂的取用、现象的观察和数据的记录等； 1：没有提到变量的控制或对照组的设计，仅简略介绍了仪器的操作、现象的观察、数据的记录		

续表

评价标准及等级描述		自评	师评
实验结论分析和实验小结	3:通过对平行实验的现象和数据的分析处理得到结论,实验小结有反思性; 2:通过对实验现象和数据的分析处理得到结论,但没有平行实验,实验小结没有真正的反思; 1:结论与实验现象和所得数据之间的关系不够密切,没有实验小结或没有反思性		
学生总评			
教师总评			

王老师将检核表与评价量表在课前发给学生,让学生了解评价指标,指导实验探究。实验中学生按照检核表的要求制定、讨论并实施实验方案,小组汇报结果后,分析成功的经验和失败的原因,同时完成组内核查。由于时间关系,王老师要求学生在课后完成实验探究报告和探究报告分项评分量表,与实验过程中的照片、实验记录及实验心得一起上传到"高中地理电子档袋"中。

案例分析

案例中,王老师借助量规评价工具,通过师生共同观察、认真填写保证了资料的全面性、完整性和真实性,能够真实地测量出学生的实验探究能力,体现了自评、师评的多元评价主体方式,全面监测学生在学习中的真实表现。

在使用量规工具进行教学评价时需要注意以下几点:

(1) 在学习前提供量规,让学生了解评价规则,关注学习过程;

(2) 与其他评价工具配合使用,如电子档案袋,发挥最佳效果;

(3) 学习过程中,提醒学生注意量规的要求,应用量规来衡量自己的绩效;

(4) 为自评和互评设计良好的氛围。

反思总结

利用量规开展表现性评价是近些年课程改革的热点,在高中地理的教学中,有些老师还没有尝试过。下面是"模拟海陆热力性质实验"的设计者王老师的实践心得,您看后有何感想?请结合对量规的认识,把您的想法写下来。

首先,这次表现性评价实践占用了很多时间,取得了很好的效果。前期的准备工作,包括对理论知识的理解、对任务的精心选择、评价标准以及量表的制作等都需要耗费大量时间,但是当我看到学生们为了实验步骤而激烈争论时,我意识到是评价让他们活跃起来。争论加深了他们对知识的理解,提高了探究能力。其实当他们做完实验后,争论就解决了。我也不想直接揭晓答案,而是提醒他们按照自己的设计进行实验,用事实说话。这种自己动手操作的印象是深刻的,这样得到的结论真正达到了实验探究的目的。

其次,我们进行的评价不是为了给学生打分,而是为了改进教学,促进学生能力的发展。因此,我们不能满足于获得了一些评价结果,而要合理地利用这些结果来发挥评价的激励作用和促进作用。评价的结果应该成为学生发展或进一步深造的参考,应该把评价结果放入学生档案袋。一段时间后,当学生在分析自己存放的成果或作品时,可以明显看到自己取得的进步,会大大激发自己的学习热情,从而促进自己的发展。

二、电子档案袋的设计与使用

(一) 什么是电子档案袋评价

档案袋是指用以显示有关学生学习成绩或持续进步信息的一系列表现、作品、评价结果以及其他相关记录和资料的汇集,其资料记录的过程是在教学过程中进行的[①]。档案袋评价又称成长记录袋评价,是以档案袋为依据对评价对象进行的客观综合性评价,是随着西方中小学评价改革运动而发展起来的新型评价方式,体现了"学习是个过程,评价也应有过程"的思想。因此,档案袋评价既是过程性评价,又是发展性评价。

自主阅读

过程性评价与发展性评价

一、过程性评价

过程性评价是一种在课程实施的过程中对学生的学习进行评价的方式,它采取目标与过程并重的价值取向,对学习的动机效果、过程以及与学习密切相关的非智力因素进行全面的评价[②]。过程性评价具有延续性、阶段性、丰富性等特点:延续性是指持续关注学生在发展过程的情感态度和行为表现;阶段性是指其关注学生在每一阶段的学习成果;丰富性是指将评价的视野投向学生的整个学习经验领域,凡是有价值的学习结果都应得到肯定的评价,而不管这些学习结果是否在预定的目标范围内。

二、发展性评价

发展性评价是在以人为本的思想指导下,关注学生发展、教师素质提高和教学实践改进的一种形成性评价。发展性评价的作用是促进学生达到目标,建立起评价者与学生之间相互信任的关系,评价者与学生共同制定双方认可的发展目标,运用适当的评价技术和方法,对学生的发展进行价值判断,帮助学生认识自我、完善自我,实现预定发展目标。它的特点在于促进学生的全面发展。具体来说包括在实施中制定明确、具体的阶段性发展目标;注重过程的评价;关注学生发展的全面性;倡导评价方法的多元化;关注个体差异;注重学生本人在评价中的作用。[③]

① 教育部考试中心.全国中小学教师教育技术水平考试说明(教学人员·中级).北京:北京大学出版社,2008:30。

② 高凌飚.关于过程性评价的思考.课程·教材·教法,2004(10):92-94。

③ 教育部考试中心.全国中小学教师教育技术水平考试说明(教学人员·中级)[M].北京:北京大学出版社,2008。

电子档案袋是在档案袋的基础上发展而来的，是档案袋的电子化。电子档案袋收集的材料要进行数字化处理，转变成计算机可以读取、存储的形式，常用的格式有下面几种：

(1) 文字图片作品，如电子幻灯片(.ppt)、网页(.html)、Word 文档(.doc)；

(2) 图片资料，如扫描的或数码相机拍摄的图片、照片(.jpg)；

(3) 视频资料，如参加地理学习活动的录像资料(mpeg，rm)等。

延伸拓展

电子档案袋的优势

便于获取与保存：可以很容易存储学习过程中形成的作品、及记录，可以保存图片、动画和视频等多媒体形式的作品，存储容量大，不受时空限制。

便于共享和交流：可以随时阅读交流，并在任何时间段以多种方式进行留言、评论、讨论，可以更全面、清晰地记录师生的成长轨迹。

便于检索与整理：使用关键字查找的检索系统使得在检索和整理材料时减少了大量重复劳动，有效节约了时间。

便于多元与多样：实现评价主体的多元与评价方法的多样，可以让师生共同参与评价，从而达到真正意义上的综合性客观评价。

(二) 如何设计电子档案袋

在高中地理教学中，电子档案袋的设计范围可大可小，可以是“高中地理”学科大范围，也可以是“探究实验”的教学小范围。确定范围后，教师可以进一步思考档案袋的内容构成。一般情况下，电子档案袋的基本组成是学生放入的各项资料，同时还应该给学生留出发表意见与反思的空间，留出师生间交流的空间。图 7-4 是一个以“高中地理”为主题的电子档案袋的构成范例。

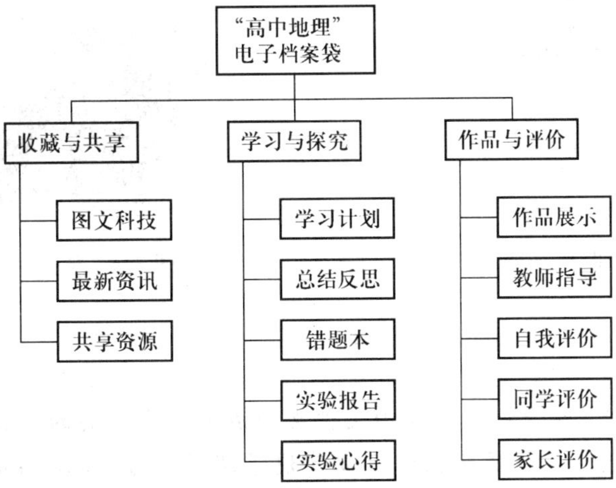

图 7-4 “高中地理”电子档案袋的内容构成

活动建议

结合实际教学情况，为记录学生“地理实验探究能力”的发展情况，请您设计电子档案袋的内容结构，并使用 Free Mind 软件完成内容结构图的绘制。

（三）如何实施电子档案袋评价

电子档案袋的创建是应用档案袋评价的前提和必要阶段。创建电子档案袋主要有以下几种实现方式：应用网上邻居文件共享机制、架设专门的 FTP 服务器、利用或改进 Blog、自行开发专用系统等。

案例研习

丁老师是高二(3)班的班主任，担任三个班级的地理课程。为了贯彻新课程评价理念，她试着利用学校的 FTP 服务器，和学生们一起感受了“高中地理”电子档案袋评价。丁老师在省教研员的帮助下，先设计了电子档案袋的内容构成，然后让学生自己决定档案袋里应该放什么，给学生充分的展示空间。为了充分开展“探究性学习”，完成教材中设置的探究实验和实践性技能训练，培养学生科学的思维方式与方法，丁老师设计了“学习与探究”、“评价与作品”等文件夹，如图 7–5 所示。学生可以把实验的探究过程与心得，制作的模型，以及形成的实验报告等都放入其中。如图 7–6 是学生制作的自流井模型。丁老师定期地审阅学生提交的各类作品，经常查看学生的反思与心得，并及时做出反馈，给出指导建议和意见。在丁老师的不断鼓励下，学生们学习地理的积极性更高了，信心更足了。

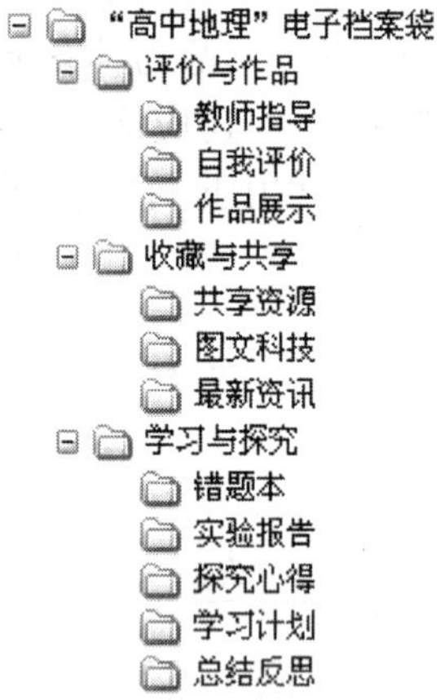

图 7–5 “高中地理”电子档案袋文件夹目录

图 7–6 学生制作的自流井模型

案例分析

在 FTP 服务器上，电子档案袋是由文件夹组成的。文件夹的个数需要师生共同商量来决定。案例中丁老师的档案袋设计主要实现了课程学习、知识拓展以及师生交流等几个方面，体现了新课程评价由传统单一的考试评价向多元化、全方位的发展性评价转变，体现了“促进学生发展”的新课程评价理念。可见，电子档案袋评价是教师和学生共同协作的结果。

自主阅读

新课程教学评价的基本理念①

一、促进学生发展

体现在教学目标上，不仅要按照课程标准、教学内容的科学体系进行有序的教学，完成知识、技能等基础性目标，同时要从学生全面发展的需要出发，注意学生发展性目标的形成。体现在教学过程中，教师要认真地研究并有效实施课堂教学策略，激发学生学习热情，体现学生主体地位，尊重学生人格和个性，鼓励学生发现、探究与质疑，高效地实现目标。在教学效果评价上，要以评学为重点，“以学论教”，并以此来促进教师转变观念，改进教学。

二、促进教师成长

评价方向是面向未来的；重点是诊断教师在课堂教学中存在的问题和不足，以此来制定教师个人发展目标，满足教师个人发展需求。

三、以学论教

“以学论教”即以学生的“学”评价教师的“教”；强调以学生在课堂学习中呈现的情绪状态，交互状态、思维状态、目标达成状态为参考，来评价教师教学质量高低。

应用电子档案袋进行评价的过程与教学过程是同步进行的。电子档案袋评价的使用方法比较灵活，操作性较强。图 7–7 是使用电子档案袋评价完成一次学习任务所需遵循的流程图。②

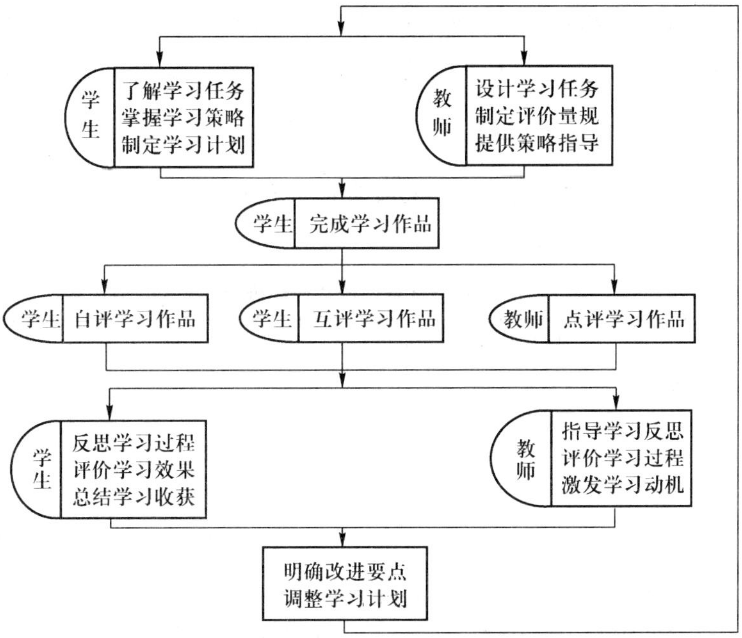

图 7–7 电子档案袋使用流程图

① 教育部考试中心．全国中小学教师教育技术水平考试说明（教学人员·中级）[M]．北京：北京大学出版社，2008。

② 林雯，王志军．促进元认知发展的电子档案袋的设计与应用[J]．中国电化教育，2006(7)：42–44。

在应用电子档案袋服务于教学、评价的过程中，教师需要做到以下几点：

1. 做好充分评价准备

电子档案袋评价的目的是促进学生的发展，必须让学生对评价有充分的了解，调动学生积极参与的热情，关注和信服评价结果。因此，要制定明确的评价标准，构建规范的评价量规。

2. 指导学生参与评价

学生有两种参与评价的方式，即自我评价和评价他人作品。自评能够反思学习过程，发现优势与不足，能够激发学生进一步改进的愿望与信心，培养主动学习的态度和对学习负责的精神，为终身发展打下基础。评价他人作品，能够提高自身的鉴赏力和批判性思维能力，能够学会合作与竞争、理解和尊重他人。

3. 及时反馈学生作品

教师要对学生的作品或反思进行定期的反馈，根据教学要求、学习目标与学生作品水平，提出作品的长处与不足，并提出改进建议及鼓励性的评论。

4. 组织作品展示交流

教师应适时安排学生在全班同学面前介绍、展示自己劳动成果的机会，激发学生进一步创作的动机与积极性，让学生体会成功的快乐、受到赞赏的自豪和奋发向上的冲动。这也是整个评价活动得以持续下去的重要源泉。

5. 调动家长参与评价

家长评价具有一定的亲和力，让学生更易于接受。通过参与评价，家长对学生情况更加了解，便于发现问题与老师及时沟通，从而促进学生的学习与成长。

电子档案袋记录了学生的成长历程，使评价与教学过程相结合，可以随时发现和及时解决学习的困难，同时能发现教学存在的问题，并促进教师改进，最终推动教学的发展。

反思总结

通过上面知识的学习，相信您对电子档案袋评价有了新的认识。结合表 7–7，总结电子档案袋评价与传统评价在地理教学中的区别。

表 7–7 电子档案袋评价与传统评价的比较

项目	电子档案袋评价	传统评价
评价功能	确定个性化目标，不是给学生下一个精确的结论，帮助学生认识自我	知识、技能、理解力和记忆力的评价
评价标准		
评价范围		
评价主体		
评价过程	过程性评价、总结性评价和诊断性评价的结合，不仅重视学生的现在，更着眼于学生的未来	
评价工具	呈现学生的学习作品	
评价方式		
评价关系		

思考与练习

一、名词解释

表现性评价　过程性评价　发展性评价　计算机辅助测验　量规　电子档案袋

二、简答题

1. 新课程标准下教学评价理念是什么？
2. 表现性评价、过程性评价、发展性评价在教学中有什么作用？各自特点是什么？
3. 形成性评价和总结性评价有哪些区别和联系？

三、实践题

1. 选择合适的主题，设计一个用于表现性评价的评价量表。
2. 使用 Excel 对评价数据进行处理和分析。

发展篇

面向信息化的教师专业发展

第8章 面向信息化的教师专业发展

本章概要

本章主要介绍了信息化时代背景下的教师专业发展的内容与要求；促进中小学教师专业发展的主要教育研究方法——行动研究法的应用；以及借助网络平台——博客进行教学反思及教育、教学的持续研究。本章的学习不仅能满足信息化时代教育改革发展的要求，而且能够帮助教师不断提高自身的专业化水平。

知识结构图

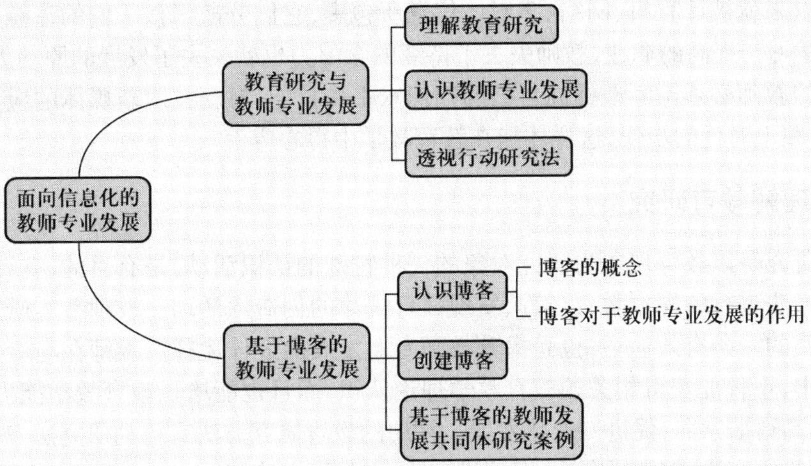

第一节 教育研究与教师专业发展

学习目标
- ☆ 阐述教育科学研究与教师专业发展的关系
- ☆ 说出信息化时代教师专业发展的内容及要求
- ☆ 阐述行动研究法的含义、特征
- ☆ 能够应用行动研究法的一般模式开展教育行动研究

李老师是一位有着二十几年教龄的高中地理教师，经验丰富，学识渊博，在学校里一直担任文科班的地理课程的教学工作。可自从高考模式发生变化，高中全面进入新课程改革之后，李老师遇到了一些问题。

首先，学生的变化。学生开始不再重视地理学科，产生了厌学情绪。其次，教材的变化。由于现在的地理课程目标发生了实质性变化，随之而来的高考试题也更加灵活、宽泛。再次，教学环境也发生了变化。李老师的传统教学模式被现代化教学设备所取代。经过省市及学校等相关部门的培训，李老师开始逐渐认识这些新媒体、新技术，但随之而来产生了新的问题。如何将这些技术灵活、有效地应用于教学并发挥最大的效益？

进入21世纪，迈入信息化时代，教育有了新的目标和主题，老师该如何面对环境的变化？如何适应新时期学生的需求？李老师的学生大都是20世纪90年代以后出生的，这些学生出生以来就被计算机、网络、多媒体信息所包裹，它们分散了孩子们的注意力。教师是一个不断学习与提高的职业，教师失去了持续的学习力也就失去了发展的原动力。因此，作为新时代的教师必须不断地提高自己的知识水平和技能，对新技术新媒体的应用要加以研究与实践，跟上时代的步伐，这样才能在教育教学中得心应手。

一、理解教育研究

教育研究是以教育现象为研究对象的一种特殊的认识活动，是有目的、有计划、系统地采用科学方法进行的探索教育过程、发现教育规律的创造性活动。教师参与研究是提高教师自身素质的一条有效途径，也是提升教师专业发展的最佳途径。教师在与专业研究者的合作研究中，不仅能获得相关的教育教学理论认识，而且也能增强教育教学能力，尤其是科研能力，提高科研素养，促进专业化发展。常用的教育研究方法有行动研究法、观察法、调查研究法、实验研究法、叙事研究法、案例研究法、文献研究法等。

二、认识教师专业发展

教师专业发展由专业知识、专业情意与专业自我三方面构成。教师的发展要适应教育发展的要求，要在教学实践过程中不断地更新专业知识、增长专业技能、形成专业态度、树立专业理想，做创造型、研究型的教师，这样才能满足学生不断发展的需要。作为信息化时代的高中地理教师，一方面要加深和拓展地理专业学识，另一方面也要掌握一定的相关学科、交叉学科的知识,使自己由单一的“专业型”教师转变为“复合型”教师,并要掌握运用信息化工具来提高教学效率与教学质量。具体来说,“复合型”地理教师的知识结构一般有三个层面:一是地理学科知识,包括地理基础知识、世界地理和中国地理。以及地理研究的新动态。二是教育理论知识,如教育学、心理学、教育技术学和地理教育学知识。三是相关学科知识,如政治学、经济学、社会学、近现代自然科学等基础知识。具备这些方面的知识有利于帮助教师从不同学科的角度分析地理问题,有利于开展综合性探究活动。四是掌握信息化教学理论与方法。能够正确运用现代教育技术理论、信息化工具、信息资源改善教学效果,丰富教学方法,提高教学质量。教育信息化在具体教学形态上表现为技术整合的教学,这对教学来说是一种变革,对教师来说则面临着新的知能挑战——发展面向信息化的专业知能,具体表现为:技术的基本知识和技能以及如何将技术应用于教学实践的能力两个方面。

拓展阅读

信息化时代教师专业发展的途径

由于教育信息化的不断发展以及网络技术的广泛应用,教师专业发展的途径也大大地拓宽了,主要表现为以下几个方面:

一、教学研究活动

教学研究活动是提高教师专业知能的重要手段,通过常规的教研活动能开阔视野、丰富教学方法、深化教学理论、更新教学观念、改革教学模式。常规的教学研究活动包括教师同行间的说课、评课与观课。

二、教育科学研究

教育科学研究是发展教师专业的重要途径。教师通过教育科学研究提高教育理论水平,提高发现问题、解决问题的能力。良好教学需要反思的、理性的和自觉的决策。反思不是简单的反省,而是一种思考教育教学问题的方式,是教师对自己教学决策做出理性选择的要求。

三、教师培训

教师培训是提升教师团体专业化水平的主要途径。教师培训从培训时空构成上有两种方式,一是传统的面对面的面授培训;二是基于网络的远程培训。从培训形式上也有两种方式,一是传统的专家讲座式;二是以被培训者为主的参与式培训,例如:英特尔未来教育教师培训项目。参与式培训一改传统教师培训说教式的方式,以教师主动参与的问题研讨方式为主,深受一线广大教师的欢迎。但是这样的教师培训项目也存在受益面有限等问题,需要更多的策略支持以保证持续的效果。

四、基于网络的教师交流

基于网络的教师团体构成一个无形的、宏大的教师学习发展共同体,是信息化时代教师专业发展高度自觉的独特形式,它弥补了教师培训受益面有限和持久性的不足,使教师间的学习、交流、实践、反思不受时空限制。用于教师交流的网络工具有:博客、博客网(如:天河博客、苏州教育博客、中山教师博客等)、wiki、好看簿、论坛、QQ、MSN等。

苏霍姆林斯基曾经说过:“如果你想让教师的劳动能够给教师带来一些乐趣,使天天上课不至于变成一种单调乏味的义务,你就应当引导每一位教师走上从事研究这条幸福的道路上来。”① 教育科学研究不但能给教师职业生涯带来乐趣,而且是教师专业发展不断深化的主要手段和途径,是教师不断提高自身专业化水平的主要方式。

三、透视行动研究法

张老师是一名高中地理教师,自从接受高中新课改培训后,张老师非常认同小组合作学习策略,想在本班尝试并推行这种教学方式。因此,在每一堂课张老师都设计一个5—10分钟的小组讨论活动,期望通过小组合作与交流训练学生地理思维能力。然而,最初的结果却让他大失所望。每到这个环节,各个小组就会呈现不同状况:有的学生不参与讨论,坐享其成地把大家的观点记录在书上;有的小组总是一两个爱发言、爱思考的学生在说话,其他人都很沉默;有的小组聊得挺热闹,可是总结时没有头绪。面对这种情况张老师很着急,于是找来其他地理老师一起分析这一现象:学生为什么不参加讨论?是论题设置的问题还是学生缺乏兴趣的问题?讨论时为什么没有按照教师设计的路线?怎样才能促进学生间的合作交流?其他老师表示也有同感。于是,张老师和其他地理教师一起做了一个学期的课题研究,题目就是“小组合作学习有效性与高中地理教学效果提升的研究”。从这一实际问题出发,张老师和同事们通过对学生的问卷调查、访谈、查找相关资料等方法,分析造成这一问题的原因:一方面是学生没有合作学习的经验,不知道该怎么合作,而且在讨论问题时没有思路,不知道该如何梳理资料;另一方面教师在小组合作学习时缺乏指导和帮助,教师的引导策略和助学策略不恰当。找到原因后,张老师逐步改进这一环节的教学,经过一年的实践,如今这一教学方式已经成为学生最喜欢的部分,学生分析问题能力也有明显的提高,成绩也得到了大大的改进。

上面这个案例就是一个典型的行动研究案例。教师针对教学中出现的实际问题进行分析,提出解决方案,并将方案实施于教学过程中,从而改进教学实践,得出结论,这就是行动研究法——在行动中研究、为行动研究、在研究中行动。

(一) 行动研究法的概念

教育行动研究,就是把行动研究的理念、方法和策略运用于教育研究领域的一种研究方法。教育行动研究,首先强调作为教育实践者的教师要从发现教育实践中的问题出发,在实践中研究“实践”,改善“实践”,并通过改善“实践”加深教师对自身实践环节的反思,提升实践者自身的专业素养,谋求自身的发展。事实证明,行动研究法是中小学教师提升教育理论水平、教学研究水平的重要方法。

延伸拓展

行动研究法的类别

由于分类标准不同,对于行动研究有着不同的分类方法。从参与者对自己的行动所作的反思来看,行动研究可分为以下三类:第一类称为内隐知识的行动研究。这类行动研

① 顾小清,祝智庭.面向信息化的教师专业发展研究[D].上海:华东师范大学,2004:4。

究强调研究过程中通过观察和反思实践者日常行为，了解实践者自身的“内隐知识”，从而促进“隐性知识”的显性化，使实践者的行动更具自觉性和有效性。第二类是“行动中反思”。这类研究针对一个独立的情形来思考问题，思考不脱离实践的事物，所有的决定一定会转化为行动，在行动中推进自己对事物的探究。第三类，“对行动进行反思”。研究中参与者明白地用口语构建或形成知识，把自己抽离出行动情景，以第三者的视角对自身的行动进行反思，这样会促进研究者对自己行动细致地分析，有利于研究者对自身实践的清醒认识，有利于实践者的反思，总结发现研究中有意义的行为。

（二）行动研究法的一般操作步骤

行动研究是一个螺旋式加深的发展过程，每一个螺旋发展圈都包括计划、实施、观察、反思四个相互联系、相互依赖的基本环节，每个循环都是下一个循环的基础，教师在生生不息的探索过程中提升自己的教育实践质量。其结构如图 8-1 所示。

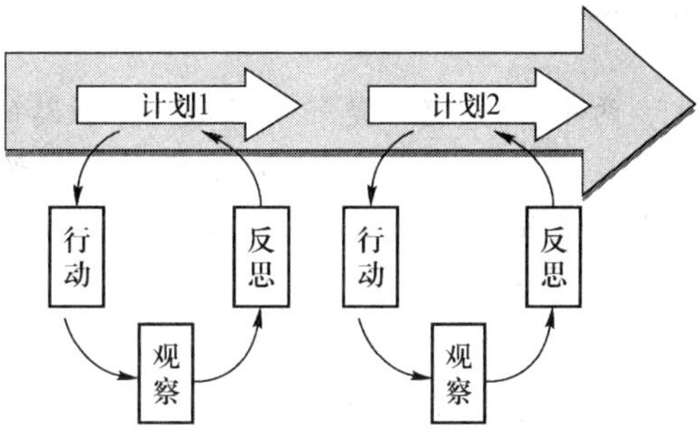

图 8-1　行动研究法的模式图[①]

行动研究要在发现问题、分析问题的基础上展开，并通过计划、行动、观察、反思作用于教学实践。一般情况下，行动研究的开展需要以下五个环节：

第一，发现问题，分析问题。研究者将教育实践工作中遇到的问题提出来，并对问题进行界定，确定研究主题。

第二，制订计划。计划是旨在改进现状的行动蓝图，它始于解决问题的需要和设想，一般包括总体计划和每一个具体行动步骤的计划。研究者可以根据认识的不断深入和实际情况的变化来修改总体计划和具体行动计划。

第三，行动。行动是指计划的实施，行动者有目的、负责任、按计划进行实践，在行动环节也可以根据其他研究者、参与者的监督观察和评价建议进行不断地修正和调整。

第四，观察。观察不是一个独立的环节，而是对行动全过程、行动结果、背景以及行动者特点的观察。观察既可以是行动者本人借助于各种有效手段对行动的记录观察，也可以是其他人的观察。观察是反思、调整计划及确定下一步行动的前提。

第五，反思。反思是第一个循环的终结，又是过渡到另一个循环的中介。在反思环节中，在对观察到、感受到的与制订计划、实施计划有关的各种现象加以归纳整理的基础上，对行动的全过程和结果做出判断评价，并为下一阶段的计划提供修正意见。

活动建议

请根据您的教学实际情况设计一个行动研究的选题，完成一次行动研究，并形成行动研究报告，行动研究报告请利用光盘中的“行动研究报告模板”来完成。

---

① 据：北京大学数字化学习研究中心编制的《北京大学教育技术参考手册》。

反思总结

面对信息化时代教师专业发展的要求，您觉得在哪些方面应得到提高和发展？建议您参照光盘中的“行动计划模板”做一份个人专业发展行动计划。

第二节 基于博客的教师专业发展

学习目标

- ☆ 举例说明如何构建个人博客
- ☆ 阐述根据教学实践需要如何管理自己的博客
- ☆ 能够利用博客进行教学实践的反思

两年前，刘老师是一个只有一年教龄的普通高中地理教师，凭着对工作充满着热情，参加了辽宁省电化教育馆举办的学科教师教育技术培训活动，从中了解到了教师博客，知道了苏州教育博客(http://www. szeblog. cn/index. html)、天河部落(http://www. thjy. edu. cn/)等教师博客群。回到学校后，刘老师也申请了一个自己的博客空间，发现通过博客不仅可以获得宝贵的教学资源，共享一些同行的观点、教学方法，而且能结识五湖四海的专家同行。刘老师在博客中主要记录自己的日常教学设计、课堂教学过程、教学心得、好的教学资源以及教学反思等。两年下来，刘老师不仅认识了很多博友，如：Geo之地理博客(http://china-geography. blog. 163. com/)、高中地理教师网(http://blog. sina. com. cn/geographyteaching)，而且教学水平突飞猛进。如今的刘老师已经成为该校甚至是该地区青年教师中的骨干力量。

一、认识博客

(一) 博客的概念

博客英文书写为Blog，全称是Weblog，最初的意思为“网络日志”，我国大陆将其转译为“博客”，台湾地区转译为“部落格”。Blog作为一种网络创新服务，兴起于20世纪90年代末，流行于21世纪初，最近几年逐渐应用于教育研究与教学交流。上海师范大学黎加厚博士认为：Blog的教育意义在于将互联网从过去的通讯功能、资料功能、交流功能等进一步强化，更加个性化、开放化、实时化、全球化，把信息共享发展到资源共享、思想共享、生命历程共享。

(二) 博客对于教师专业发展的作用

1. 提高教师的自我反思意识

面向21世纪发展的教育，要求教师成为反思型教师，具有与时俱进的自我发展意识和能力。也就是说，现代化的教师除了具备专门学科的知识和技能以外，还应具有深厚的教育理论修养、广阔的教育前沿视野、敏感的教育问题意识、过硬的教育科研能力以及较高的信息素养。这意味着作为现代教师要把教学反思、经验反思作为自身发展的重要手段。在教学中反思和探究，在反思和探究中进行教学，这是教师专业发展的有效途径。博客随时交流、互动、书写的功能正为教学反思提供了便利的平台。博客是一个书写的过程，也是一个教师群体之间互动的过程，更是一个深化思考的过程，是一个逐渐养成思考与研究习惯的过程。优秀教师正是通过这样不断地“实践—反思—再实践”来调整自己的工作方法和思路以适应外部环境，从而促进自身的专业发展。

2. 促进教师校本教学研究能力的提升

校园博客群搭建起一个虚拟的学校教研平台。在这个平台上，教师们从自身的教学实际出发书写自己的教育故事、心得体会、困惑与思考。同时博客的互动性使教师之间的相互学习、切磋、研讨交流更为有效，更为频繁，有效地促进了校本教研的开展。

3. 提升教师专业发展的动力

网络技术打破了人们交往的时空界限，教师可以通过博客站点与国内优秀教师、教育专家直接对话，得到专家的指导和同行的建议。教师在与外界交往的过程中不但开阔了视野，同时在探讨和鼓励中体现了自身价值，从而获得成长和发展的内在动力。

4. 促行动研究变为教师成长的工具

可以说教育叙事博客既是一种行动研究过程，也是一份行动研究档案。教师们用博客来记录自己身处其中的教育事件，记录个人生活和思想体验，发表极具个人色彩的言论，通过这种以时间为坐标的轨迹记录，可以看到工作和研究的进程，又通过过程的分析了解发生的变化，哪些因素导致了这种变化、变化的趋势和倾向，这与教育科学研究的行动研究法是一致的。

5. 提高教师的生命质量

教师们在书写教育叙事博客的过程中投入了很多的激情和精力，进行了深入广泛的思考，其深度涉及教育的本质、生命的本质，其广度涉及自身的兴趣爱好，无所不包。在某种层面上，博客成为教师记录、思考、探究、交流的精神家园，成为自我反思、叙写心路历程的空间。教师作为一个有思想、有灵魂、有鲜活生活气息的立体的人呈现出来。在叙写的过程中，在不断反思和追问的过程中，教师个人的生命质量无疑也得到了提升。

延伸拓展

博客的教育应用形式

目前，博客在基础教育领域的应用主要体现在以下几个方面：

一、作为教师和学生的电子档案袋

博客目前是电子档案袋在教育中应用最多的载体。学校通过搭建校内博客圈为老师和学生建立博客交流平台，作为教师教学、学生学习的成长记录。教师教学电子档案袋通常以年为单位，积累、记录着教师教学活动、教学成果、教学资源等，目的在于提供优秀的教学案例和教学资源，以促进教师的提高和发展。

二、作为教学管理工具

博客的这一功能主要体现在教师通过博客平台进行班级管理上。例如上海市嘉定区教育局于 2006 年开始的千名“班主任博客”。班主任通过开通博客介绍班级管理情况，并记录学生的学习状况和表现，这一应用不仅使班主任的管理经验得以分享，而且引起了家长们的关注，拉进了家校距离。图 8-2 是一个名为“罗海燕 1112”的博客界面。

http://www. thjy. org/lufx168/index. aspx

图 8–2 “罗海燕1112”的博客主页

三、开展反思性学习

大部分教师的博客都以此种应用居多。教师利用博客记录自己的教学过程、教学设计、教学反思，同时也转载、链接、阅读、评论他人的博客，通过评论交流不断开展反思性学习，加深对教学的认识。这种博客通常以地理课程内容为中心，围绕教学开展应用。

四、知识管理

博客具有的积累、写录、发布、反思、分享、创造等功能，与知识管理的内涵不谋而合。目前，许多高中地理教师或者地理教师科组都建有博客空间，首要就是作为个人或者集体教学经验积累、教学交流、进行知识管理的工具。例如广州市第89中学的地理科组的博客 http://www.thjy.org/zhongxuedilikezu/index.aspx 将地理教学课件、教学素材、地理趣闻、地理摄影等内容发布在网络空间中共享。

五、研究日志

在合作学习或研究性学习过程中，记录并且为其他合作者提供外界资源链接以便其他合作者进行评价。例如“东行记”（http://www. zbedu. net/jeast/2004_03-3. html）就是一个这样的网站，她是上海师范大学黎加厚教授和研究生们共同研究的记录平台，记录了黎教授和他的研究生们的研究过程、研究成果，以及他们在研究过程中的交流。

二、创建博客

如何申请自己的博客？申请博客就像申请邮箱一样，只需要几个步骤。目前，国内提供博客服务的网站很多，既有大型的门户网站也有专门的博客网站，这里推荐几个供大家参考。例如：网易博客（http://blog. 163. com）、和讯博客（http://blog. hexun. com）、博客网（http://www. bokee. com）、中国教育人博客（http://www. blog. edu. cn）、中国基础教育网博客（http://blog. cbe21. com）、天河部落（http://www. thjy. org）。选择博客申请的时候，尽量选择专业性的、大型网络服务商的博客，这样的博客服务一般都比较稳定，而且交流也比较顺畅。下面以天河部落(http://www. thjy. org)中的一个地理教师的个人博客为例，介绍教师博客的申请、使用与管理。这个名为“罗海燕 1112”（http://www. thjy. org/lufx168/index. aspx）的地理博客开博于 2005 年 3 月，至今为止发表日志 495 篇，访问总量突破 18 万人次。如图 8–3 所示。

图 8–3 “罗海燕 1112”博客

下面以天河部落(http://www. thjy. org)为例向大家介绍申请博客空间的步骤。

第一步，进入天河部落首页 http://www. thjy. org，点击右上方的“注册”按钮，进入到博客注册界面，如图 8–4 所示。

第二步，在打开的注册页面填写相应的信息，点击“提交”完成注册，这样就拥有了一个属于自己的博客。在其他博客平台上申请，过程也是如此。

接下来就要进行个人博客的管理和建设工作了。

第一步，管理个人博客。输入用户名和密码，登录注册的博客，进入界面后，可以选择自己喜欢的模板为博客“穿上漂亮的外衣”，也可以点击“添加新日志按钮”书写网络日志，还可以对博客进行一些其他设置。

第二步，为博客添加分类，即设置博客栏目。这是教师利用博客进行知识管理的一个重要环节。教师可以按教育反思的五大内容来设置分类，如“教育教学技能”、“教育教学观念”等；也可以按不同的反思方法进行分类，如“教育案例”、“教育叙事”等；还可以按自己的喜好或需求设置分类。“罗海燕 1112”就属于个性化分类，“地理备课资料”、“易错题集”、“活动设计的比较研究”等。无论是转载还是原创，无不渗透着作者对教育教学本身、对个人职业角色、对学生心理的思考。这些日志见证了博客主人作为教师的成长。

第三步，在博客中书写日志。点击“添加新日志”后，在弹出的页面中填写日志标题和内容，并选择所属栏目，然后点击“保存为草稿”或“发布”就完成了日志的添加。如果没有相对应的栏目，可以先任选一个栏目进行发布，添加所需栏目后再选择该日志进行编辑，重

图 8–4 博客注册界面

新选择栏目并再次发布即可。

从博客阅读者的角度来看，有阅读、留言和评论等行为。阅读网页，我们用得较多的是“浏览”一词，但一般来说，浏览只是浅层次的阅读。而对于教师使用博客进行交流来说，这种阅读应是深层次的。添加留言和评论是阅读者和博客主人就某个问题进行讨论的具体方法。这种对话的方式对于教师来说，可以增加他们对某一问题更深层次的思考和理解。要进行留言只需点击“给我留言”，在打开的页面中添加内容即可。进行评论则是针对某一篇日志，其方法与添加留言相同。在“罗海燕 1112”中，其主人发表文章 495 篇，获得评论 237 篇，可见该博客中产生的交流较多。

延伸拓展

微博与博客群

微博即微型博客，是目前全球最受欢迎的博客形式。博客作者不需要撰写很复杂的文章，只需要抒写 140 字内的文字即可，近来由于智能手机及移动网络技术的迅速发展，随时随地将自己的见闻与思考分享给他人是微型博客最大的优点。目前微博已引起广泛的关注并日益受到人们的青睐。例如搜狐微博、Follow5、网易微博、腾讯微博、叽歪、twitter、随心微博等。

博客群是博客管理与博客专集组织的基本形式。博客站点以“群”的方式组织博客专集，以此推动同一类型文章的展示或讨论某一主题，如 SOHU 博客就建立了诸如：IT 博客群、读书博客群等。

随着微博与博客群技术的发展，教师博友的队伍不断壮大，教师们利用其组建相关的博客群或建立自己的微博并与同行们分享生活的体验，教书育人的经验将成为未来的一个重要发展方向。

三、基于博客的教师发展共同体研究案例

中国地理课程网(http://geo. cersp. com)是一个专门的地理教育网站,在国内地理教育中有着很大的影响力,深受广大一线地理教师的喜爱。其原因不仅在于这里有丰富的地理教学资源,更因为这里是中学地理教师的精神家园,凝聚了五湖四海的地理教师的智慧和分享,地理教师可以在地理博客(http://eblog. cersp. com/eblog.asp? usertype=8)中记录自己的教学思想、教学历程、地理学观点,可以通过交流、思维的碰撞得到精神上的满足,资源与观点的共享。

雅斯贝尔斯说过:"教育本身就意味着:一棵树摇动另一棵树,一朵云推动另一朵云,一个灵魂唤醒另一个灵魂。"只有让教育走出枯燥、刻板、单调的说教,步入孕育个性和灵感的美好境界,涉足洋溢着激情、诗意的精神乐园,才能远离浮躁和喧嚣,摒弃肤浅与盲从,更好地发挥"人文关怀"功能。我们高扬教育人生的旗帜,向世人展示思考的路径与行动的足迹;我们汲取先师同行的营养,向网友传递探索的迷失与尝试的收获……

Blog与教师专业发展有着天然的联系。在行动研究、教学反思、思想冲撞、心得交流、教育科研、师生互动、组织管理、远程技术支持、情感支撑、资源积淀、知识管理、建立学习路径和提升学习绩效等方面都可以开发出卓越的功能。教育工作者可以方便地用文字、多媒体等方式,将自己日常的生活感悟、教学心得、教案设计、课堂实录、研究成果记录互相分享。

目前,教育博客的应用也日趋成熟,从原来的无意识、自发性,逐渐走向了自觉的、团体性的行为。教师专业发展也从个人的摸索逐渐走向了团体的共同发展。博客发展的实践表明,只有将教师博客团结起来才能促进其持续性的发展,才能建设教师学习发展共同体,才使教师博客具有生命力,彼此互相促进、借鉴、学习,才能成为教师信息化教学、资源建设、专业发展的平台,才有可能促进教师终身学习意识和习惯的养成。因此,博客教育应用区域化、团体化是教师博客的发展趋势,打造网络学习共同体才是教师专业发展的主要途径。

国内基于博客的教师发展共同体有很多,有区域性的,如:广州天河部落、苏州教育博客、吴中教育网志,也有校域内的,如:乐清育英学校教师博客群、南城一中教师博客群等。下面以广州天河部落为例分析基于博客的教师发展共同体的应用方法和特征。

延伸拓展

天河部落简介

天河部落是广州市天河区面向中小学校、教研员、教师多群体的教学、教研、科研的专业博客交流互动平台。该博客平台目前共有注册博客41 491个,注册群组835个,文章总数355 028篇。天河部落可以说是广州市中小学教师学习、发展的共同体。该博客网站面向对象包括学校、一线学科教师、教研员,致力于为教师打造共同教学、共同教研、共同管理、共享资源、共享创造的教师个人发展的空间。天河部落主要在原有博客功能的基础上,还整合了Moodle课程,这样整个博客中的资源更加丰富,也更加贴近中小学教师的教学实际。该博客网站主要包括:教学资源、教学反思、课题研究、网络教研、分学科教学、教育理论、专题学习、学术论文、社会与生活、工作感悟等内容。为教师个人生活、工作提供一个释放、交流、提升的自由空间。天河部落的首页如图8-5所示。

图8-5 天河部落首页

天河部落作为教师教学、教研、资源建设、科研的互动交流空间，推动教师的个人专业发展，是教师学习发展共同体的代表，体现了如下的优势和特征：

第一，学习发展共同体的理念。天河部落中最大的应用群体是一线教师，博客网站以学段学科的方法将具有相同教学任务和相同教学目标的教师聚集在一起，这样无形中形成了一个无边的、宏大的教师共同教学的队伍。具有相同工作、相同教学任务、不同教学个性、不同的教学经验、不同教学思想的教师聚集在一起，充分发挥了共同话题共享智慧的知识分享型博客的特性。

第二，共建共享的原创资源。贴近教师身边、符合教学一线需求的教学资源是该站的另一大特色。这里的教学资源是形式多样的，例如以高中地理为例，包括教学设计方案、教学课件、教学内容、知识扩展等。下面是天河部落高中地理教师的个人博客资源，如图8-6所示。

第三，自觉地有组织的网络活动。网络活动包括专业学习、网络教研、课题研究等不同方式。高中进入新课改以后，在教学内容、授课方式、高考侧重点等方面都发生了变化，每个老师都在摸索中前进。因此，定期组织网络教研活动不仅能够增强网站的凝聚力，而且能促进教师教学水平的快速提升，也增加教师博客持续发展的动力。

天河部落搭建于2006年，经过四年时间的发展和积淀，目前已经形成了教师学习发展的共同体，是信息时代基于博客的教师专业发展的典范。目前，国内基于博客的教师专业发展共同体还有苏州教育博客学习发展共同体（http://www. szeblog. cn）、海盐教师博客（http://www. jsblog. cn/index. html）、中山教师博客（http://www. 1363. cn）、海宁教师博客（http://blog. zjhnedu. com）、成长博客（http://blog. cersp. com）等。实践证明，基于博客的教师发展共同体

图 8-6　曾老师的个人博客

是信息时代促进教师专业发展的主要途径，是信息化时代教师个人专业发展的必然选择，也是保持教师发展原动力的主要方式。

活动建议

选择一个您经常光顾的网站或者本节中推荐的网站，申请一个博客主要用于同行间的交流，如：搜狐空间(http://i. sohu. com)、天河部落(http://www. thjy. org)等。接下来，设计并规划您的教师交流博客。(如果您已经拥有自己的个人博客，可直接进行这一步的操作)请用思维导图绘制软件 Free Mind 打开光盘中的“高中地理教师交流博客模板 .mm”文档，将你的博客构思和设计填写在思维导图中，帮助您完成个人博客设计与栏目规划。

反思总结

博客作为教师交流工具、记录反思工具有着其他信息化工具不可替代的优势。您认为博客对于您的工作有哪些帮助？您认为该如何利用博客促进教师个人专业发展？

思考与练习

一、名词解释

行动研究法

二、简答题

1. 信息化时代教师专业发展的途径有哪些?
2. 教师从事教育科学研究有何现实意义?
3. 写反思日志属于行动研究吗? 结合个人教学实际谈谈怎样开展行动研究。
4. 如何申请博客? 博客在教育教学中的应用有哪些方面? 如何设计博客内容?

参考文献

1. 教育部考试中心．全国中小学教师教育技术水平考试说明[M]. 教学人员．中级．北京:北京大学出版社,2008. 10.
2. 何克抗．教育技术培训教程[M]. 教学人员．中级．北京:高等教育出版社,2007.
3. 何克抗．教育技术培训教程[M]. 教学人员．初级．北京:高等教育出版社,2006.
4. 张雪峰．信息技术对培养学生地理创新思维能力的研究[J]. 新课程,2009(1).
5. 乌美娜．教学设计[M]. 北京:高等教育出版社,1994.
6. 李龙．教学过程设计[M]. 呼和浩特:内蒙古人民出版社,2000.
7. 盛群力等．教学设计[M]. 北京:高等教育出版社,2005.
8. 何克抗,张文兰．教学系统设计[M]. 北京:高等教育出版社,2006.
9. 杨九民,梁林梅．教学系统设计理论与实践[M]. 北京:北京大学出版社,2008.
10. 刘钢等．现代教育技术与初中地理教学[M]. 北京:高等教育出版社,2009.
11. 李兆君．现代教育技术[M]. 北京:高等教育出版社,2010.
12. 蒋鸣和．新课程学习主题网络资源索引[M]. 上海:上海科技教育出版社,2003.
13. 朱仁成等．多媒体CAI课件制作完全实例[M]. 西安: 西安电子科技大学出版社,2006.
14. 刘毓敏,梁斌．教育信息资源开发与利用[M]. 北京:国防工业出版社,2007.
15. 高铁刚等．信息技术环境下课堂教学模式与方法[M]. 北京:清华大学出版社,2011.
16. 何克抗,吴娟．信息技术与课程整合的教学模式研究之一:教学模式的内涵及分类[J]. 现代教育技术．2008(7).
17. 何克抗,吴娟．信息技术与课程整合的教学模式研究之二:传递—接受教学模式[J]. 现代教育技术．2008(8).
18. 何克抗,吴娟．信息技术与课程整合的教学模式研究之三:探究性教学模式[J]. 现代教育技术．2008(9).
19. 何克抗,吴娟．信息技术与课程整合的教学模式研究之四:研究性学习教学模式． [J]. 现代教育技术．2008(10).
20. 何克抗,曹晓明．信息技术与课程整合的教学模式研究之五:WebQuest 教学模式[J]. 现代教育技术．2008(11).
21. 何克抗．对美国信息技术与课程整合理论的分析思考和新整合理论的建构[J]. 中国电化教育．2008(7).
22. 刘倩倩．网络环境下研究性学习的分析与探讨[J]. 中国优秀硕士学位论文库 2008(3).
23. 李红美．认知灵活性理论与基于网络的研究性学习[J]. 中国远程教育,2003(1).

24. 霍华德·加德纳(美),沈致隆译．多元智能[M]. 北京:新华出版社,1999.
25. 袁海东．多媒体课件设计与制作教程[M]. 北京:电子工业出版社,2009.
26. 薛咏梅．新课程下如何对学生进行地理学习评价[J]. 科学咨询．2008(2).
27. 杨小微．教育研究的理论与方法[M]. 北京:北京师范大学出版社,2008.
28. 顾小清,祝智庭．面向信息化的教师专业发展研究．[D]上海:华东师范大学,2004.